权威实用版

# 一本书读懂
# 人力资源管理心理学

宋联可◎著

中国财政经济出版社

**图书在版编目（CIP）数据**

一本书读懂人力资源管理心理学/宋联可著. —北京：中国财政经济出版社，2013.12

（中国100强名师名作）

ISBN 978-7-5095-4980-3

Ⅰ.①一… Ⅱ.①宋… Ⅲ.①人力资源管理 - 管理心理学 Ⅳ.①F241-05

中国版本图书馆CIP数据核字（2013）第286752号

责任编辑：蔡　宾　　　　责任印制：刘春年

责任校对：李　丽　　　　装帧设计：盛世纳唐

中国财政经济出版社出版

**URL**：http://www.cfeph.cn

E-mail：cfeph@cfeph.cn



社址：北京市海淀区阜成路甲28号　邮政编码：100142

营销中心电话：010-88190406　北京财经书店电话：010-64033436

北京中兴印刷有限公司印刷　各地新华书店经销

787×1092毫米　16开　15.5印张　191 000字

2014年4月第1版印刷　2018年5月北京第4次印刷

定价：35.00元

ISBN 978-7-5095-4980-3/F·4042

（图书出现印装问题，本社负责调换）

本社质量投诉电话：010-88190744

反盗版举报热线：88190492　88190446

中国100强 CHINA 名师名作

# 编委会



---

**主办单位**　北京联大文化发展有限公司　　www.1dwhbook.cn

# 序　言

## 从心塑造你的第一团队

21 世纪，人们越来越多地重视心理学的基本理论和应用方法。心理学的相关知识，也更广泛地应用于社会生活的不同领域中。

在这样的背景下，人力资源管理心理学的价值被充分认可，更得到了充分的应用。实际上，这门心理学是工业和组织心理学的重要分支，同时，它也是传统的人事心理学的最新演变成果。通过这门学科的学习和研究，能够将心理学的基本理论和方法应用到实际的企业人力资源管理中，并获得丰硕的成果。

本书作者是一位资历丰富的学者，同时，也是一位专业从事企业咨询与培训的资深专家。十余年来，作者始终从事人力资源管理心理学的研究和应用，掌握了大量的实际案例，对这门学科理论有着深入的研究。

正是在此基础上，作者编写了本书。本书不仅适用于企业中专门从事人力资源管理的工作人员，同时也适用于更多的管理者以及有志成为管理者的企业人员，更适用于对此领域有兴趣的研究人员。每个人都可以重新学习，从心塑造未来的第一团队。

本书编写目的，在于加强读者对人力资源管理心理学应用能力的培养。通过阅读本书，加强企业管理人员的实际工作能力，能够使他们从理论上认识和了解这门学科，从而具备相应的应用能力。作者在考察目前企业人力资源管理的实际情况基础上，结合自身的工作经验，吸收和借鉴了国内外先进的研究成果，围绕下面几个主要特点加以阐述：

首先，系统完整地将人力资源管理心理学学科的基本概念、理论加以表述，内容清楚准确而规范；其次，围绕着管理型人才的工作目标，突出了对管理职业技能的具体培养；再次，将国内外的最新研究成果，融入本书的理论阐述和案例分析中，为读者带来最需要的思考结果；最后，本书在编写体例上，将概念目标、背景分析、案例内容、操作原则和操作方法一目了然地展现，能够很好地体现思维脉络，便于读者学习和吸收。

全书总共九个章节，内容包括学科的概述、从心管理的境界、角色定位、人员招募、人员测试、培训开发、绩效管理和薪酬福利等。内容翔实、分析清晰，是本书一以贯之的写作特色和原则。

随着中国经济的稳健发展和中国经济的积极转型，不同企业中的人力资源管理工作，必将越来越多地重视人力资源管理心理学理论和应用。因此，更早地发现从心管理的奥秘和诀窍，将意味着企业从人力资源管理到整个业绩的不断上升和超越。在此，请打开本书的读者和我们共勉，在企业人力资源管理的路途中不断自我充实、自我超越，用心打造出属于自己和企业的最好团队，获得不断的提升和突出的业绩！

# 目录
CONTENTS


Chapter1. 人力资源管理究竟管什么?

——人力资源管理新解读

- 人力资源管理你知几分? …………………… 3
- 部门皆离不开人力工作 …………………… 7
- 管理的核心是管好人员 …………………… 11
- 管人的艺术是从心管理 …………………… 15
- 没有好团队没有好业绩 …………………… 19
- 未来面临的人力新挑战 …………………… 24

Chapter2. 为什么人力资源管理心理学如此重要?

——人力资源管理最高境界是从“心”管理

- 心理学与人力资源管理 …………………… 31
- 马太效应博弈平衡之道 …………………… 35
- 心理学上要有“两把刷子” …………………… 39
- 菲德勒模式解决“心”变化 …………………… 43
- 心理契约稳定员工关系 …………………… 47
- 心理学提升未来管理力 …………………… 51

## Chapter3. 发现镜子里的自己

### ——从心管理之定位角色

★ 5D 模型从心认识自己 …… 57
★ 认清自己才知该做什么 …… 60
★ 你是尽职尽责的人力资源管理者吗？ …… 64
★ 人力资源管理者的多重角色 …… 68
★ 找到自己的管理“心”方式 …… 71
★ 自我管理先要从心开始 …… 75

## Chapter4. 用心经营员工未来

### ——从心管理之人员规划

★ 让规划成为一种好习惯 …… 81
★ 预测人力资源需求供给 …… 85
★ 内外候选人的心理差异 …… 89
★ 工作分析透视心理素质 …… 92
★ 5D 性格应与岗位匹配 …… 96
★ 从心设计职业生涯规划 …… 101

## Chapter5. 招兵买马攻心为上

### ——从心管理之招募人员

★ 招聘广告打动求职者心 …… 107
★ 从申请表检视心理问题 …… 112
★ 面试环境帮助敞开心扉 …… 117
★ 面试官怎么问出心里话 …… 121
★ 通过应聘体验认可公司 …… 125
★ 招聘金字塔是心理游戏 …… 128

## Chapter6. 洞察内心选对精兵

### ——从心管理之测试甄选

★ 当心理测试成为大明星 …… 135
★ 经典心理测试助力甄选 …… 138
★ 话外余音里的信息密码 …… 142
★ 身体语言透露真实想法 …… 145
★ 背景调查了解心路历程 …… 148
★ 工作模拟预测未来绩效 …… 151

## Chapter7. 学习给心补充能量

### ——从心管理之培训开发

★ 分析学习需求规划培训 …… 157
★ 开发课程解决心理问题 …… 161
★ 遵守规律的学习更高效 …… 164
★ 上课技巧让人乐学乐思 …… 167
★ 课程内容突出实用实效 …… 170
★ 评估培训效果总结经验 …… 173

## Chapter8. 考核激发内心动力

### ——从心管理之绩效管理

★ 考核与管理不是一回事 …… 179
★ 给评估一把度量的天平 …… 182
★ 急于求成不如先找方法 …… 186
★ 合理的指标才能得人心 …… 190
★ 消除考评中的心理误区 …… 193
★ 因人而异设计反馈模式 …… 197

## Chapter9. 暖心福利留住人才

### ——从心管理之薪酬福利

★ 确定薪资水平让人心安 …………………………… 203
★ 设计薪酬结构激励员工 …………………………… 206
★ 满足需要引发强劲动力 …………………………… 209
★ 雪中送炭最能温暖人心 …………………………… 213
★ 锦上添花总能步步引领 …………………………… 216
★ 福利让企业有家的感觉 …………………………… 219

## 附 录

★ 5D 人力资源管理测试（NO.211308 问卷）……… 223
★ 5D 企业文化测试（NO.121308 问卷）…………… 227
★ 5D 性格测试（NO.031303 问卷）………………… 233

# Chapter1.

# 人力资源管理究竟管什么?

## ——人力资源管理新解读

# 人力资源管理你知几分？

如果人力资源管理共10分，那么你知几分？

美国密歇根大学商学院最权威的管理学教授达夫·尤里奇（Dave·Ulrich）曾说过："对企业而言，人力资源部不仅仅是一个行政部门，同时也是企业的战略合作伙伴、变革的先导者、最专业的日常工作管理部门和员工生存发展的主心骨。"

"人力资源"（Human Resource，HR）这一名词最早由外企带入中国。它是指"能够推动整个企业发展的劳动者能力的总称，是一种重要的资源"。简单来说，人力资源管理就是要引导员工的认知和行为契合企业本身发展、经营的需求，从而更好地实现企业目标。其具体任务是根据企业发展的变化和需求，对企业人力资源进行合理配置，并通过对企业员工的招募、培训、任用、考核与评估、激励、制定薪酬福利等一系列过程，激活员工潜力，调动员工积极性，以便为企业最大限度地创造价值。

如今，我国企业纷纷开始学习并效仿国外先进的人力资源管理方法，同时将原有的"人事部门"改头换面，更名为"人力资源部"。然而，单纯地更换名称是不够的，我们至少应该走出国门，看看那些跨国大企业的人力资源部都在做什么。

2012年5月19日，谷歌公司成功收购摩托罗拉公司，随之在人力资源管理方面也做了适度改变和调整。

谷歌公司高层认为，当公司的发展战略发生改变时，组织结构需要随之变化。而人力资源管理部门，至少有必要让员工知道现在发生了什么，未来将会向着哪方面发展，并为员工提供相应的心理辅导、技能培训和制定激励、薪酬福利制度，保证员工迅速在焕然一新的组织结构中找到自己的位置，全心全意为企业效力。

此外，谷歌公司在人力资源管理创新与人性化管理方面一向赫赫有名。例如，公司成立了文化督导委员会，使员工获得主动监督的权力，倡导员工勇于表达自己的看法，打造百家争鸣的良好氛围。公司的员工从来不用担心第二天早上闹铃会不会准时响起、上班会不会迟到，因为员工可以悠闲地去上班；即便看到个别员工急匆匆跑去公司，那也是为了享受免费的大餐。谷歌更像是员工的一个家，饿了就尽情吃喝，困了就随意休憩。一切只为员工打造轻松、自由的工作环境。

当然，每个国度、每个企业都有它自己的发展机制。我并非倡导我们的企业也要完全效仿谷歌公司。而是说，通过上述事例可以看出，谷歌公司非常重视人力资源管理，而不是被动地应对员工。当企业做到了这一点，吸引人才、留住人才便不再是难事。

反观我国的部分企业人力资源现状，我曾经做过一个小调查，结论是：大部分企业都存在人力资源短缺的问题。或者说，人力资源看似充足，实则精兵强将很少。具体表现为：吸引不住人才、培养不出优秀人才、挽留不住精进人才。

**●吸引不住人才**

由于受到企业制度、发展规模、企业形象等主客观因素的限制，造成部分企业在引进高、精、尖人才过程中阻碍重重，缺乏强有力的吸引力。

**• 培养不出优秀人才**

许多企业抱着“得过且过”的态度，对人才的要求低、投入少。只凭习惯进行管理而没有一套有针对性的人才培训机制，导致培养不出优秀的人才。

**• 挽留不住精进人才**

当今一大普遍现象是，企业花大手笔引进了人才，结果人才流失率极高。员工往往干了几个月就拍屁股走人。好不容易积累了某方面的专业人才，却不料他们频频跳槽，导致企业挽留不住精进人才。

出现以上这些问题，大部分原因是企业人力资源管理工作不到位。若想改变现状，管理者首先应该了解：人力资源管理究竟是管什么？

**• 帮助员工规划未来**

人力资源管理部门和管理人员有义务对员工的个人发展负责。例如，帮助员工规划未来发展方向。一来让员工对企业有归属感，激发员工的创造性和主动性。二来可以随时对员工进行考察，调整职位。当然，管理者在帮助员工进行规划时，首先应该考虑员工发展与组织的计划是否协调一致。在此基础上再对员工实施辅导，给予帮助。具体可搜集并分析人力资源部门储备的员工信息资料，明确员工的综合素质情况，进行总体评估，这也是进行员工调配、参加培训和晋升的有力依据。

**• 招聘与甄选人才**

招聘与甄选人才的方式有很多，具体在后面第五章详细讲述。在此，我首先要说明的是，管理者应根据企业的实际需要和实际情况，选择适合自己的手段和方法。如刊登招聘广告，接受多渠道举荐，举办人才交流招募大会等等。甄选时要有严格的审查流程，先要通过初选保留一部分候选人，再经过复试层层筛选，确定最终的合适人选。人才一旦被录取，就与企业达成了一种雇佣与被雇佣的关系，管理者应主动与其签订相关劳动合同。

● **对员工进行培训与开发**

通过任何渠道进入企业发展的新员工，都有必要接受企业的培训，以帮助员工更深入地了解企业，适应未来的工作环境。通常可分为针对企业制度的培训和岗位技能的培训。如企业的发展历史、劳动安全卫生条例、组织纪律、岗位职责等等。其中，岗位技能的培训尤为重要，它是促使员工更快了解工作知识，熟练掌握工作技能，提升综合能力的重要途径。

● **通过绩效考核激励员工**

绩效考核，就是按照一定的标准，对员工的各方面能力、态度等进行综合评价，并给予量化处理。绩效考核可以是自我总考核的模式，也可以是集体考评模式，还可以是综合考核评价。考核结果关系到员工未来晋升、奖惩及薪酬的发放。合理的绩效考核能有效地调动员工积极性，让员工自动自发地参与到管理者的人力资源管理工作中。

● **制定薪酬福利制度留住人才**

科学的薪酬福利制度关系到企业员工队伍的稳定性。从心理学的角度而言，人往高处走是人普遍存在的心理现象，当有更好的待遇向员工招手，为之心动也是人之常情。企业想要留住人才，就要制定一套科学的薪酬福利体系,吸引员工为企业留下来。这也是为员工创造更好的工作环境的保障。

我们需要先知道自己的人力资源管理具有什么特征，分析出自己的优势与劣势，才能够找到改进人力资源管理的方法。

如何快速了解企业人力资源管理的现状呢?

本书提供 5D 人力资源管理测试问卷及其分析(请见附录)，帮助人力资源管理者在阅读本书时，了解自己企业的人力资源管理现况。

## 部门皆离不开人力工作

人力资源管理工作是企业各部门正常运转的“推进器”。

鸟儿要想飞翔，就离不开翅膀；鱼儿要想遨游，就离不开鱼鳍；企业要想发展、各部门正常运转，就离不开人力资源管理工作。对于企业的各部门来说，人力资源管理工作就像是“推进器”，促使其能够正常、高效地运转。

世界经济不断地向前发展，竞争日趋激烈，企业已经进入了“微利时代”。也就是说，企业不仅要在外部“赚大钱”，还应该对内部各部门进行优化管理。抓好企业内部资源，在企业内部“赚小钱”，这样才可以“内外兼顾”，获得更为丰厚的利润。要想在企业内部打好“利润战”，就必须重视人力资源管理工作，重视对企业员工心理方面的管理。

从上一节中我们能够看到，人力资源部门不仅仅是一个简单的部门，它不只负责员工的招聘、任用、培训、管理等方面的工作，还肩负着为企业制定战略规划、储备人才的重要任务。如果企业离开了人力资源管理工作，那么其他所有的工作都会陷入瘫痪。所以，我们要注重人力资源管理人才的培养，注重这方面工作的顺利进行。管理重在管人，而管人的精髓则在于把握他们内心中的本质需求，掌握这一核心要素，才能够实现人力资源管理工作的有效进行。

海尔集团有自己独特的人力资源管理模式。

比如在对员工进行招聘的时候，就分为“技术人员”和“管理人员”两类，这样做的好处在于能够在最初的时候就对员工加以甄别，使他们能够通过培训，迅速适应自己的岗位，缩短“适应期”，更快地投入到工作当中。但是，无论是哪种人才，海尔集团的要求都特别高，比如应届毕业生应是全国知名大学的毕业生、成绩在班内名列前茅、有相关的英语证书等。这些严格的要求都确保了员工的质量。

在对员工的培训方面，海尔集团采取多种培训方式。比如在岗前培训中，主要加强新员工对企业文化、企业价值观、集体荣誉等宏观方面的学习；在岗位培训中，主要加强员工对自己所做工作的熟练度，纠正他们常犯的错误，使他们能够保质保量地顺利完成工作任务；在员工职业生涯规划培训中，海尔集团要求管理层员工为自己管理的下一级员工制定相应的职业规划，以促进他们能力的提升。

由于海尔的发展思想是“走国际化道路，创世界名牌”，因此，海尔集团也非常重视企业人才的开发，他们不仅要求员工在企业内是优秀的，更注重将他们培养成为“国际化”的优秀员工，使他们具备国际竞争力。

海尔集团能够从一个小型的民办企业发展成为现在的国际化大型企业，与其人力资源管理方面的工作密不可分。在海尔集团内部，无论是哪个部门，都非常重视人才的使用与培养。正是凭借强大的人才库才打造出了今天的海尔。

由此，“企业为什么离不开人力资源管理工作”这一问题的答案呼之欲出：

**● 用对用好人靠人力资源管理**

正是这种独特的人力资源管理模式，造就了现在的海尔集团。从海尔集团对员工的招聘、培训、任用等人力工作中我们能够看出，海尔集团人力资源管理部门对员工心理的把握非常到位。比如在招聘时只招聘那些名牌大学的毕业生，这让他们能够产生一种心理上的优势。尤其当被录用时，更能够让他们感受到自己的优越性，提升他们对工作的信心，这对以后的工作是非常有帮助的。

**● 企业做大做强凭借人力优势**

尽管人力资源管理这个专业的术语是由国外引进我国的，而且对于我国的企业来说，人力资源管理这一部门的设立也仅有十余年的历史，但是，人力方面的工作却是一直都存在于企业当中的，只是我们以前并没有单独成立相关的部门，而且也没有特别加以重视。随着世界经济的发展，我们的企业要想做大、做强，就必须跟上时代与社会的节奏，必须重视企业人力工作的开展。

之所以一再强调企业中人力资源管理工作的重要性，主要是基于以下几点：

**● 人力工作支持企业制定未来的战略规划**

企业要想获得长远发展，就必须有相应的战略规划，而这些战略规划并不全是由企业的最高决策层制定的，真正的制定者之一就包括企业的人力资源管理部门。

为什么企业重要的战略规划要由人力资源管理部门来协助制定？原因在于，他们更加了解企业的发展情况、更加了解企业员工的情况，因为员工的招聘、培训、任用等工作正是由他们负责的。所以，要想实现企业的长远发展，就离不开人力工作的支持。

● **能够为企业各部门培养更多优秀的人才**

在战争中，我们常说“兵马未动，粮草先行”，要想打胜仗，就必须选择优秀的将领，并准备充足的后勤资源；而在企业工作中，我们讲究“未雨绸缪，人才先行”，企业要想获得发展，就必须选择优秀的人才为企业效力，这样才能使各项工作顺利进行。如果企业缺乏人才，那么企业也就会失去运转的动力、失去发展的空间、失去生存的机会。在我国，很多民营企业之所以难以持久性地做大、做强，也许有很多客观的外在因素，但是最重要的还是在于人才的缺失。

那么企业的人才从哪里来呢？正是来自于人力资源管理部门对人才的培养。因此，抓好企业各部门的人力资源管理工作，就相当于为企业培养了更多优秀的人才。由此可见人力资源管理工作对于企业的重要性。

● **离开人力资源管理工作，部门的其他工作将难以执行**

企业各部门的工作能否顺利进行，关键在于执行的员工能否胜任这些工作、能否尽心尽力将这些工作做好。而执行员工的甄选与培训都是人力资源管理部门负责的，因此，如果人力资源管理工作出现问题，那么企业的其他工作也将无法顺利进行。所以，必须做好企业的人力资源管理工作，这样才能够为其他工作分配更有执行力的员工。

● **人力资源管理工作能够更容易使员工认同企业，留住他们的“心”**

企业的人力资源管理工作不仅可以对员工进行甄选与培训，更重要的是能够准确把握员工的心理活动，明确他们内心的本质需求，通过满足员工的这些需求来增强企业的凝聚力，留住他们的“心”。

# 管理的核心是管好人员

人力资源管理的精髓在于“把人管好”。

我们常说，一位优秀的企业管理者，必须做到公正、不偏袒。因此，他们在面对问题时，应该“对事不对人”，努力解决遇到的问题，而不是抓住某位员工的缺点做文章。但是人力资源管理工作，却恰恰相反，一位懂得做人力资源管理工作的领导，应该将管理人员放到第一位，这样才能做好本职工作。

其实，这种说法也不难理解，因为人力资源管理工作与企业中的其他工作有所不同，其他工作的重点在于“事”，就是要将事情做好，从而使企业获得发展;而人力资源管理工作的重点在于“人”，就是要管理好员工，包括他们的心理、生活等方面，进而为企业合理地配置人才资源，为企业发展贡献力量。同时，也只有管理好人，才能够让员工们在内心中产生一种对公司的凝聚力。

福万达公司是一家中等规模的私有企业，有两千多名员工。由于该公司主要从事高新科技器材的生产与销售，所以发展趋势非常好，连续多年都实现了利润的持续增长。

张磊曾在一家机械制造公司做过两年人力资源管理工作，并且进修了MBA学位，有丰富的人力资源管理工作经验。在经过应聘之后，张磊进入福万达公司，担任人事部经理，在新的工作环境中，他准备大干一番。但是真正就任之后，张磊发现，事情远没有他想得那么简单，这个表面看似管理完好的企业，内部却是一团糟。

福万达公司的人力资源管理部门有50多名员工，分设4个职能部门，分别管理着公司的人员招聘、薪酬设计、绩效考核以及员工的培训工作。虽然部门内部职能的划分很清晰，但是管理人员却常常“不作为”。比如，部门的工作很少有“规划”，这里的工作并没有十分明确的分工，往往是一份工作既可以划分到甲的职责范围内，也可以划分到乙的职责范围内，结果却是谁都不去做，导致工作被搁置。

另外，人事部的员工也并不都精于管理，只有不到1/4的员工系统地学习过管理课程，具备人力资源管理的学历，但是他们中大多数人都没有实际管理经验，完全处于“理论阶段”。而且更让张磊感到烦恼的是，管理部门的很多员工都是从普通员工提升上来的，比如部门中管理招聘和培训的两名主管，前者原来是总经理的秘书，后者则是技术部门的精英。至于那些普通员工，更是来自公司的其他各个部门，整个人力资源管理部门就像是一锅“大杂烩”。

本来，人力资源管理工作讲究一种“资历”，这种“资历”是指相关的学历和工作经验，拥有了这种“资历”，不仅能够做好本职工作，也能够对新员工进行管理方面的指导和帮助。但是在这里，拥有这种“资历”的人几乎没有，所以他们之间的交流也就很少，多数时候都是各干各的活。在这样的工作环境中，尽管所有人看起来都很忙碌，但是完成的工作却无法让其他部门感到满意，总认为人事部的员工“只拿钱，不做事”。

除此之外，由于人力资源管理部门对公司未来的战略规划了解很少，做出的决策很难对公司的发展方向产生影响，因此整个人事部在公司内也很少受到重视。

从这个例子中我们能够看出，正是福万达公司人力资源部门的管理工作做得不到位，才导致公司内部出现了众多问题。因此，如果一个企业的人力资源管理部门无法正确实施自己的职能，管理好公司人员，那么将会为公司带来很大的损失。

**● 管不好人员容易使企业的工作陷入混乱**

公司的人力资源管理部门，就像是一支部队的“统战部”，负责公司内部人员的管理事宜，责任重大，如果他们无法正确实施部门的职能，就会使公司内部的工作陷入混乱，使员工们无法明确自己的工作职责和范围。当企业的工作陷入混乱之中，员工们就会产生迷茫的心理，对企业的未来和自己的未来产生怀疑。一旦员工们产生这样的心理，企业将失去最基本的凝聚力，陷入发展的困境。

相反，当企业中的人力部门能够发挥出自己的作用，对企业中的员工做出妥善的管理，那么员工们就能够在心理上产生凝聚力，齐心合力完成企业任务，为企业的发展共同努力。

**● 管不好人员会造成企业人才的浪费**

也许一个企业的“硬件资源”是固定不变的，比如厂房的大小、设备的多少等，但是它的“软件资源”却是无限的，这里的“软件资源”主要指企业的人才。同样一位员工，如果能够把他安排到合适的岗位，那么他将能够最大限度地发挥出自己的潜力，为企业的发展做出最大的贡献；相反，如果一个有才能的员工无法找到适合自己的岗位，那么他的才能将会被埋没。如何将合适的人安排到合适的地方，这个工作就是人力资源部门的职责所在，对人员管理不善，或者是对员工了解不够，都会导致工作安排上的失误，从而造成人才的浪费，这对于企业来说，是一种巨大的损失。

虽然管好人员是人力资源管理工作的重中之重，但是并不是所有人都能做好这个工作。那么，作为一名优秀的人力资源管理部门的领导，该怎样做才能管理好人员呢？

**● 有一定的专业知识和经验，让员工们从内心中信服**

一名优秀的人力资源管理者，不仅要掌握相应的专业知识作为理论指导，还要具备一定的实践经验，做到“理论与实践相结合”，才能够让员工们从内心中信服。这样，在调度人员、分配任务时才能得心应手，使员工们按照指示去工作。

**● 做到“人尽其才”，让员工们满意**

要想管理好人员，就必须让员工们从内心感到信服、感到满意，这样才能顺利下达任务。让员工们信服的方式有很多，最简单的一种就是做到“人尽其才”，让他们在合适的岗位上发挥出最大的潜力。当员工们实现了自己的价值、感到自己是一个“可用之人”的时候，他们就会服从人力部门的安排，积极投入到工作当中。这时，管理人员的目的也就达到了。

**●“以人为本”，让员工能够感受到应有的关怀**

现代企业管理讲究“以人为本”，要时刻从员工的角度去思考问题，为他们的切身利益考虑，使他们感受到相应的人文关怀。当人力资源管理部门做到这一点时，员工们就会在心中产生“感激”之情，这对管理工作有很大的帮助。

一个公司的人力资源管理部门就像是一个庞大的中枢系统，它应该做到统筹安排公司的具体事务。而要想将公司事务安排好，就必须选好工作人员，因此，管理部门的工作重点就在于如何管理好人员，我们在做管理工作的时候，一定要谨记这一点。

# 管人的艺术是从心管理

想要管理好人，必须要管理好心。

在企业中，不同的人员、不同的部门就如同企业的不同器官，看似独立运作、各司其职，但实际上却又相互紧密联系、彼此依靠。因此，企业的人事管理工作在对人员的引导管理上，一定要避免不同人员、不同部门各自为战的尴尬状况，要通过心理上的管理，让他们团结一心、协同作战。在这样的过程中，人事管理部门和部门领导，因为其工作职责的性质，更加特别地担任了这种凝聚人心的任务。

在看待这样的任务时，他们应该意识到，无论是为了项目而进行人事管理，还是为了企业长远发展进行人事管理，最终都要归结到人心的管理上。因为规章制度和机器设备毕竟是死的，而人才是被心理所影响的活生生的资源。只有心理健康而积极的员工，才能完成良好的业绩，反之，如果员工的心理无法统一，则很容易让企业变成一盘散沙。

在这样的"管心"过程中，人力资源管理部门不能仅仅发号施令，也不能寻找妥协，而是要通过寻找合理的方式去发现和影响员工的心理，来推动企业、团队和员工三者相互之间的共赢和互惠。这就要求人力资源管理者和人力资源部门能够成为不同部门的战略合作伙伴，首先打动这些部门和员工的心理，摸准他们的心理需要，让他们感受到人事管理的价值，从而愿意进行合作。

电视剧《士兵突击》中，许三多所受到的管理，看似是中国人民解放军这个大熔炉对“素质差”的人员管理，实际上，它展现出的是解放军对于人员心理的管理。

许三多作为一名普通的青年人，带着满腔的热忱和荣誉感，进入到中国人民解放军的队伍中。然而，在火车车门打开之后，他却发现，自己和这个组织并不协调。以前，许三多说话做事很自然，但进入这个团队中后，他发现自己并不自然、也不自信。而等到许三多开始打算接受这个组织的要求、试图融入这个组织的时候，周围所有人对他产生的印象已经根深蒂固——许三多就是团队中的另类，业务能力一塌糊涂，不需要把他当回事。这样，由于许三多自己和周围人心理上的变化，形成了许三多的入职心理困境。

面对这样的员工，许三多在人事上的管理领导并没有一味抱怨“他的积极性不高，我该怎么办”等等，更没有将“管不好，没效果”放在嘴边。与之相反，他们对许三多的心理开始了有效引导和管理。

比如，老马班长在人事管理上就有着一次成功的案例，他的一句“修一条路”让许三多认为是一次新的任务，于是，他开始卖力地修起路来。原本想带着许三多这样的问题员工混下去的老马就此发现了许三多的心理需要。后来，他带领全班成员一起修路，取得了良好的业绩——修好的五条小路赫然形成了一个五角星，带来了生机和创意。也正是因此，五班引来了上级领导的注意，当领导询问究竟是谁修路的时候，老马说出了“许三多”的名字。事实上，如果没有老马班长的帮助，许三多根本不可能靠自己修完。但老马正是因为意识到许三多在心理上有自我表现和获得肯定的需要，才用这样的办法，对其心理加以管理和影响，帮助许三多获得自信的基础。

从这个例子中，我们可以看出，对人员的管理，并非是简单地强调制度和原则，或者是通过物质上的奖惩使之得以实现。这是因为，无论任何短期的刺激，最终都只是外界带给员工个体的压力，而并非是员工自发自觉的行动。管理者如果想让员工的行动能够更好地体现团队利益，就一定要让他具备一颗强大的“心”。

然而，由于许多企业传统管理模式中只看结果、不问过程，只看结果、不问原因；由于许多人力资源管理者缺乏必要的耐心去影响员工的心理，或者没有足够的信心去改变员工的心理。因此，常常会出现许多企业看似在管理员工，但却根本没有管理他们内心的现象，这直接导致了企业在人力资源管理上的停滞不前，乃至层次低下。

- **不管理员工心理，导致员工缺乏团队意识**

一个团队之所以有着强大的团队意识，并不一定是这个团队能够带给员工多少直接的福利，或者用多少诱人的条件来吸引他们，而往往是由于这个团队能够形成一种良好的氛围，让所有员工的心理特征趋向一致、心理感受反馈一致、心理状态表现一致。在拥有了如此一致的心理之后，员工很容易有意或无意地忽视自身之间的差异，而是将着眼点放在彼此之间的相同上，这样，一个强大的团队基础才能得以创建。

- **不管理员工心理，导致管理策略无从深入**

需要看到的是，人力资源管理部门和管理者为了提高管理的效果，制定了不少管理策略。但是，这些管理策略在许多企业并不能得到完全的贯彻深入，往往只是起初产生一点微小的作用，随后便销声匿迹。更加令人难堪的是，这些策略常常变成“走过场”，只有人力资源管理者自己看重，却很难得到员工的执行。可想而知，由于这样的失败，人力资源很难得到发展和提升，也很难产生连贯的效应。

● **不管理员工心理，导致管理者很难评估管理效果**

人力资源管理之所以能够不断获得进步，是因为这样的管理能够及时得到反馈，并对管理效果进行积极的评估。然而，我们很难想象一个缺乏对员工心理了解的人力资源管理者，能够真正去管理员工的心理，进而评价他们在管理过程中获得的心理转变和行为表现。缺乏了对员工心理的了解，人力资源管理将难以获得显著的提升效果。

因此，对员工的管理，并非像对机器管理那样简单。想要管理好员工，就要管理好他们的心理。下面的方法也许可以帮助管理者做到这一点：

● **用情感去感化员工的心理**

许多人都听说过，想要感化一个人，必须要感化者本身带着一颗爱心，有着对员工关怀的心理。因此，人力资源管理者想要先从心理上管理好员工，就要能够利用自己的情感影响员工，用自己的情感表达来改变员工，这样，员工才能感受到管理者的内心，并加以回报。

● **用信心去灌注员工的心理**

员工除了有最基本的需求外，还有着被尊重的心理需要，他们希望能够在自己的工作中获得他人的欣赏和信任，得到应有的肯定。因此，管理者想要管理好员工的心理，就要懂得运用鼓励的技巧，用适当的方法去提升员工的自信心，使员工建立自信心，能够积极地面对团队工作和接受组织的管理。

● **培养员工的诚心**

企业需要员工的诚心，因为只有坦诚的员工，才会对企业负责、对团队负责。培养员工的诚心就要求人力资源管理者能够坦诚地面对每位员工，帮助他们打造和描绘美好的未来，尤其对于那些具有一定工作资历的老员工来说，这种诚心的培养和管理更加重要。

● **打造公平的环境来影响员工心理**

无论是在工作还是生活中，如果一个人总是处于不公平的环境中，就会因为无法得到公平的对待而感到失望，有可能产生心理上的变化，进而影响自己的行为。因此，在企业中，管理者打造的公平环境，能够帮助员工消除心理上的负面影响，让员工在一个尽可能公平的环境氛围中工作，有助于提高员工的积极性和主动性。

● **用宽容的态度去为员工的心理松绑**

宽容的态度，往往是人力资源管理过程中所欠缺的。员工出现错误时，如果管理者可以在不违反原则的情况下，懂得如何既能够履行工作义务，又能够示之以宽容的态度，那么，员工心中的压力就可以得到缓解，从而产生更多的回报企业的动力。这样的心理影响，能够让员工对企业和管理者充满感激，加倍地努力，以实际的工作行动来回报企业。

当然，影响员工的心理还有很多方法，管理者必须要意识到，改变他人的内心，就必须要管理好我们自己的内心。只有从人性的角度着手管理，其他的手段和制度才会产生作用。

## 没有好团队没有好业绩

好团队是人力资源管理提升的起步点。

在企业管理中，任何人都应该被当作一个团队的组成元素来看待。对人员的有效管理是支撑起一个团队的核心所在，因此，团队精神，实际上是一个企业整体管理提升的重要灵魂，是企业能够做到利用团队力量来战胜竞争、获得优良业绩的法宝，也是对企业人力资源管理变革战略中获得新层次、新高度和新视野使命的关键因素。能否打造一个好团队，是企业人力资源管理能力的充分展示，管理者要正确地把握和认识管理人和带团队的关系，认真地培养企业中不同的团队，整合团队精神，全面提升团队能力。

那么，怎样的团队才算是好的团队呢？从心理状态上来看，团队和成员在精神上具有强烈的归属感和同一感，团队内部的成员之间关系平稳和谐、彼此心意相通能够互相理解，而成员对团队的事务也能发自肺腑地做到尽心尽力。

在这样的团队中，团队成员会相互关心和帮助，体现出自身的主人翁精神和责任感，并自觉维护整个团队的集体荣誉，自觉地以团队的利益为重，这样，团队精神才能得到发扬，上升成为优秀的企业文化。

好的团队并非是自然生成的，必须要通过卓越和富有成效的人力资源管理过程，实际上这个过程就是对团队精神打造的过程。

世界著名的微软公司，先后造就了数以万计的百万富翁员工。然而，他们并没有在自己经济上自由充裕了之后就选择离开企业，而是依然忠诚地在各自的岗位上，即便是每周60个小时以上的高强度工作，也并不愿意离开。这种团队精神在很多人看来是不可思议的。

事实上，微软正是因为拥有这样的好的团队，才能够产生不断上升的骄人业绩。好的团队，产生于公司内部人力资源管理中对团队心理和精神的重视。通过这样的管理，微软公司将不同的团队使命赋予不同的员工个体，无论他们是否已经经济自由，他们中的大多数人都能够超越个体的想法，把团队精神放在首位，在心理层面上，他们将微软和自己的利益捆绑在一起，将微软作为展示自我价值的最好舞台。即使是拥有百万资产的员工也不例外。

微软的人力资源管理并非仅仅依靠物质激励或制度约束，而是强调团队精神的培养和灌输。拥有良好的团队意识，在强烈的市场竞争中才能立于不败之地。企业的管理，应该注重团队的培养，引导团队成员与人合作的精神，让他们善于沟通和交流，而非漠视团队的作用。

目前，一些企业还没有意识到人力资源管理必须要在团队打造的平台下进行，或许这些企业拥有一些优秀的员工，但是由于这些员工没有得到良好的引导，最终没有形成和体现凝聚力，团队也因此受到影响，甚至有可能全面破裂。这样，企业的良好业绩也就无从谈起了。

- **缺乏共同愿景，无法打造好团队**

共同愿景并非共同口号，而是团队内部不同员工在心理上形成的美好设想，是他们给自我和整个团队的内在期许与动力，也是形成团队精神的核心要素。然而，目前不少企业的人力资源管理恰恰在这一点上有所缺乏。不少企业的人力资源管理者总是一味地追求管理上产生的短期利益、利润的最大化或者规模性的扩张，结果忽视了对员工在愿景上的引导和教育。虽然有些企业也制定了战略愿景，但是，制定的战略愿景并不符合企业的实际情况，很难打动员工的内心，更不可能真正影响和改变员工的理念。这样，员工由于无法在工作上找到合理的思想导向力量，没有形成充分的共识和相互信任，就难以形成统一的意志，这往往影响团队的整体协作。

- **忽视心理感受，难以形成好团队**

目前，中国很多企业的人力资源管理文化中，传统的“论资排辈”意识还是较为严重，尤其是在一些传统的国有企业中体现得更加明显。团队中的主要岗位大多数被工作经验丰富、工作资历老的员工所占据。虽然这样的人力资源管理方式存在一定的普遍性，但如果片面地论资排辈，而不关注真正的业绩比拼，那么，就很容易使年轻员工的心理产生波动，进而影响他们在工作中的积极性和创造性。同时，他们还会将这种观念灌输给新来的员工，更大程度地破坏团队的凝聚力。

**• 过高的心理期待，难以让团队产生凝聚力**

管理者必须承认，尽管企业有着各自的不同，但团队的集体作用始终存在，团队的影响也总是会大于个人的影响。在强调团队作用的同时，不应该让员工产生过高的心理期待，而是要引导员工，让员工相信，在团队中每个人得到的待遇、关注和利益都注定是平等的和公平的，但必须通过一定的努力才有可能获得相应的待遇和利益。如果员工一开始就期待过高，以致产生不平衡心理，在工作过程中带有不良情绪，那么势必会影响团队其他人的心情和效率。如果管理者没有注重员工的心理引导，整个团队很难从竞争中收获应有的竞争力。

想要克服上述情况，企业的人力资源管理者就需要从不同的层次去改变员工的心理认识、重视他们的心理感受，从而发挥他们的潜在力量。因此,团队精神和员工心理建设在人力资源管理中,是相当重要的。具体来说，可以通过以下几个方面加以推进：

**• 培养员工共同的企业观念、事业目标和愿景**

为了建立强大的团队，管理者的首要任务就是建立团队共同的价值观和事业目标。正因为员工对于价值观和事业目标是否支持和认同非常关键，因此，想要获得这样的认同，就要利用正确而符合企业经营管理实际的需要、符合企业和员工发展方向的价值观念和事业目标来影响员工。通过对这些方面的打造和培养，强化对共同愿景的建立，让每个员工看清楚自身内心的希望和目标，从心理层面上促进他们对企业宗旨和事业的理解。这样，员工们将会把个人的前途与企业的前进方向相统一，从而明确自身的责任和任务，不断调整心态，并凝聚成为有效的团队精神。

**● 用科学和规范的机制打造团队精神**

团队精神来自于正确的价值导向。管理者应该在团队内部建造出一种积极向上、不断进取的工作氛围，通过良好、公平、公开、公正的考核评估机制，让员工看到自己的发展的机会，让优秀的人才能够迅速地脱颖而出，让不同的员工能够对自己和企业的未来表现出信心与希望。这样，优秀团队才能得以形成。

同时，管理者还应该将制度和机制作为一种保障，结合人性化的管理，使得团队中员工的付出和贡献都能得到合理的评价和回报。这样，员工的价值得到体现和肯定，也就更加向往这样的团队，团队精神也就能够得到有效的构建。

**● 用竞争机制，为团队精神带来更多潜力**

在人力资源管理工作中，团队的管理决不可缺少合理的竞争机制。企业应该通过严格的考核、人员的上下流动，确保队伍能够得到动态化的管理，实现合理的人力资源配置。这样，才能使员工在合适的岗位上各显其能。这样的团队是有充足潜力的，也会产生更为强大的竞争力。

**● 树立危机意识，有利于打造优秀团队**

有一定危机感的员工，更能够看到团队的重要性，更关注团队的整体利益。这样的员工不会躺在旧有的成绩上，也不会无视团队环境的变化和发展。因此，人力资源的管理工作中，应该将树立员工的危机意识作为一个重要部分，让员工感受到自身和团队面临的压力和竞争，由此产生共同的危机意识，从而促成良好的团队协作能力，更好地提升团队业绩。

# 未来面临的人力新挑战

人力资源管理总会面临新挑战。

一段时间内，人力资源管理者作为企业管理的重要成员，被寄予厚望，不仅带着人力资源管理者的光环，同时也承载着企业管理中更多的职能。这反映了企业越来越重视人力资源管理工作。

市场总是在不断变化，企业作为市场的主体，也同样经历着这种变化。伴随着中国经济发展模式的转变、全球经济起伏程度的加剧，在复杂环境的影响下，人力资源管理者也必然会面对种种新的挑战。

在这些新的挑战中，“用工荒”是相当典型的问题之一。

新时代的人力资源管理工作，一些前所未有的情况纷纷出现，例如“用工荒”的情况就是其中之一。

十几年前，“用工荒”只是在春节前后、沿海城市出现。然而，随着经济的迅速发展，近年来，中国各地都先后出现不同程度的用工荒。不仅仅局限在节假日期间，而是全年随时都有可能发生。特别对于那些劳动密集型的企业来说，面临的问题更加突出。

实际上，“用工荒”并非是某一个企业、某一类行业或者某一种管理模式造成的，这种情况出现存在一种必然性，对于人力资源管理工作也是一种挑战。究其原因，首先在于国家计划生育政策带来的影响。“人口红利期”的结束是不争的事实，适龄的劳动力供应将会越来越少，再优秀的人力资源管理者也很可能面对“巧妇难为无米之炊”的困局；其次，一些原有的劳动力输出大省，由于沿海向内地的产业转移，导致大量原来选择外出务工的劳动力在自家门口就完成了就业；还有不少人力资源输出的大省截留了大批劳动力在本省就业。这些因素直接导致了人力资源管理者所面临的前所未有的难题，如何招募合适的、足额的员工？招聘标准不断降低，如何才能满足企业的用工需求？

此外，企业自身的不断发展，人力资源标准定得过高，也会导致人力资源管理者面临新困难。

例如，一家规模并不算大的房地产企业，曾经打算招聘一位总工程师。但是，企业的高层希望这位员工精通建筑设计、结构设计、水电工程设计和园林景观设计，还希望他能够具备甲级设计院至少十年以上的职场经验。显然，这样的人才非常难得。而人力资源部门主管明知标准定得过高，但还是通过各种渠道加以搜集，将为数不多的几个应聘者的资料交给了高层管理者。可管理者仅仅是看了看简历就很不满意地将他们全部淘汰。可想而知，对于这家企业的人力资源管理者来说，挑战的压力是巨大的。

再优秀的企业，也总会面对新的环境问题，同样，再好的管理者，也会因为新问题的出现而遇见挑战。正因为人力资源管理者要不断地迎接挑战、克服困难，他们才有存在于企业的必要，并能够从中体现出自身工作的价值与意义。

相反，如果一个人力资源管理者采用旧有的思维模式去工作，就很容易失去与不断发展的外界的关联性，并导致自身管理水平的降低、管理业绩的下降。总体来说，由于缺乏对新挑战的应对策略，一些管理者会在面对以下情况时面对较大的压力。

● **无法采用新的管理方针导致人力资源流失**

市场经济不断地发展，导致企业之间的优胜劣汰不断加速，而企业的平均寿命也因此而变短。同时，这也对员工的心理带来愈来愈大的影响。企业招聘人员的门槛降低、新企业开出的条件较高等情况，都导致了员工的求职就业心理更容易产生波动。因此，如果企业中的管理者没有真正投入地去面对这些新挑战，那么，他们很容易被突然出现的员工流失情况所惊呆——事实上，不少资深的人力资源管理者确实因为这些情况而遭受了职业生涯的挫折。

● **对自身、企业和员工的重新定位**

真正意义上的人力资源管理者，应该是企业内部在战略上的合作伙伴，在不少已经成熟的企业中也的确如此。但现实的挑战是，许多人力资源管理者实际上只是企业内部比较高级的员工而已，不少高管也只是将人力资源管理者看作搜集简历、组织面试、搞搞培训、办理保险的部门主管或者员工。更不用说，人力资源管理者并不接触具体业务，而对员工的招聘和考核，又需要具体部门的支持。在这种新挑战下，如果人力资源管理者不能准确定位自身、企业和员工三者之间的关系，不能通过自己有效的工作来引导高层管理和基层员工对自己的看法与角色定位，就可能连自己都无法对自己的管理和服务角色准确定位，更不可能看懂自己和企业、员工之间存在的关系。

这样的人力资源管理者，有可能成为企业内部的边缘化角色，或者对整个企业来说显得没有太多重要的影响和价值。

● **人际关系带来的新挑战**

东方文化是一种讲求人情关系的文化，在表面的规则下，更有着具体深入的潜层次人际关系网络。因此，人力资源管理者不可能完全按照西方的人力资源管理体系来进行工作，他们经常会面对既需要维护制度和体制，又身不由己地陷入企业内部不同利益群体和不同派别的斗争中。随着时代的发展、企业的扩大、市场化改革的深入，这样的情况并不可能迅速消退，反而有可能以更加复杂的形式出现。因此，如果人力资源管理者不能从心理上对这些情况进行准确解读，不能够利用心理上的引导来对周围的环境进行周密的平衡和梳理，他们很容易就会被划分到某个小团队中，并因此而被打上鲜明的标签。这样，原本是为整个企业服务的人力资源管理者，就很可能由于这种情况的发生而难以持续开展工作，甚至连自己的心理压力都无法疏解。

当然，上述这些挑战有的来自于外部大环境，有的来自于管理者自身，有的来自于具体的企业环境，归根结底，仍然需要人力资源管理者在应对各种新挑战的时候既要秉承既有原则，又要寻找新的方法，将管理工作变得更加顺应时代潮流；同时使自己跟随员工和企业的变化发展而持续成长。他们需要从以下几个方面加以注意：

- **让人力资源管理工作更加专业**

科学而严谨地说，人力资源管理工作是一项专业工作，任何企业内部的职业，想要变得更加专业，都需要有具体的五个标准。它们分别是：可以衡量的产出效益、专门化的知识、专业性的技能、被公认的衡量标准和鲜明的工作角色。因此，人力资源管理者必须要集中注意力思考上述五个问题，以明确自己的工作任务。

例如，人力资源管理者应该关注：怎样通过自己的工作来降低成本、提高利润；怎样吸收和利用更多的知识（尤其是心理学知识）；如何看待自己现有的能力并找到增长的机会、使用的爆发点；如何以正确的心态和方法来衡量、评估自己的工作；怎样树立自身良好的工作形象，并在心理上获得企业的认同；等等。只有通过这样的方法，让自己的工作更加专业，人力资源管理者才能学会应对未来的挑战。

**● 让人力资源管理体系更加规范化**

仅仅依靠人力资源管理者个人来进行的管理，势必是单薄的。想要更好地应对挑战，他们需要的是建立一个更加完善全面的人力资源管理制度。在这样的管理制度下，无论是人力资源的获取、开发培训，还是人力资源的绩效考核、薪酬管理、工作激励和职业规划等等，都能形成规范和科学的标准。具备了这样的标准，才能更加科学地把握全局，也能够通过对员工在心理上的波动变化，体现出操作管理层面的科学性。

同样地，对人力资源管理体系的开发，还应该形成一条具体的主线，从而通过人力资源的管理来为企业的经营宗旨、愿景规划和企业整体的人力资源战略打造出清晰的思路。在这样的思路下，企业不同部门才能有效地衔接在一起，构建出内部统一的结构体系。

**● 将人力资源管理过程同学习型组织的建设过程相结合**

人力资源管理者之所以需要不断面对新挑战、解决新困难，其原因在于他们总是需要带领整个团队适应更新的环境、更激烈的竞争。同样，一个良好的学习型组织，总是能更好地适应时代的脉搏，形成强大团队，不断地推陈出新，从而形成良好的自我超越。因此，人力资源管理者在面对新的困难时，应该强调打造持续学习的人文环境，加强对员工自我超越、自我培训和自我成长能力的教育，这样，人力资源管理工作会变成一种引导过程，让员工和管理者形成紧密的利益共同体，在新的挑战面前为企业做出更多贡献，把企业推向新的高度。

# Chapter2.

## 为什么人力资源管理心理学如此重要?

### ——人力资源管理最高境界是从“心”管理

## 心理学与人力资源管理

人力资源管理是心理学的重要应用。

毋庸置疑，人力资源管理心理学，在人力资源管理的理论中，所占据的位置正日趋重要。这门应用心理学不仅是许多专业的人力资源管理师的培训和进修计划中的必备科目，同时也是实际管理过程中的一个重要工具。因此，管理者更需要将之看作一门综合的学科，了解其创建和发展的过程，通过对其中具有代表性的重要人物和重要事件去解读和把握人力资源管理与心理学之间千丝万缕的重要联系。从而能够积极地掌握其学科性质、研究对象和相关任务。

与心理学的发展历史有着同样基本的轨迹，人力资源管理心理学是一门“既古老而年轻”的学科。

19世纪开始出现的工业革命，加大了人和机器的联系，也让员工的雇佣数量不断增加。因此，在企业内部开始出现专门的管理人员，负责对生产的员工进行监督，并管理和员工队伍有关的一切事务。正是从这个时期开始，人事管理开始正式进入了管理活动的范畴之中，不少学者都将这个时期看作现代化认识管理的开端。几乎与此同时，19世纪末到20世纪初，人事管理心理学也开始产生。1903年，德国心理学家斯特思首先提出了“人事心理学”名词。而追根溯源，人事心理学和工业心理学的出现也密不可分，其根源来自于被看作科学管理之父的泰勒以及同时代的一系列心理学家的工作成就。当然，人事心理学在产生之初和同时代的管理理论一样，在今天看来有不少并不合理的成分，但它开始意识到人事管理中应该具备的科学观念，揭示了人事管理和心理学之间的联系，起到了良好的基础作用。

在两次世界大战中，人事心理学得到了进一步的运用和发展，尤其在人事选拔、人员和工作对应方面，取得了明显的发展。例如，陆军普通分类测验，首先建立了人事管理中较为系统的人事选择测验，而空军飞行员选拔过程中的心理学考量，更将人事心理学研究推向更新更广的领域。

战后，从20世纪50年代开始，当代著名的管理学家用“人力资源”概念取代了“人事管理”概念。这样，人力资源管理心理学也得到了更多的重视。从20世纪80年代开始，人力资源管理心理学开始进入新的发展阶段。与此同时，一些著名的人力资源心理学理论开始出现，这些理论开始强调员工工作动机、工作满意度、工作中的品质和工作中的丰富化内容等研究，同时准备了相当确凿的事迹材料加以研究，并对人力资源管理的理论和实践产生了重要影响，被广泛应用到人力资源管理的工作中，回答和解决了人力资源管理中不同的问题。

总之，伴随科学技术的不断发展，人类开始从后工业化社会正式进入信息社会。在这样的过程中，组织形式、员工个体和市场都在发生快速变化。因此，面对这些具有相当知识基础技能的员工，面对并非仅仅追求经济需求的员工，人力资源管理者必须也从自身的角度开始转变。他们不仅要学会将既有的心理学知识和人力资源管理加以结合，同时还要寻找更加有效的办法，让管理具备科学化和创新化的实践效果。反之，如果身为人力资源管理者，不重视心理学的知识和内容，也并未将心理学作为一种具体的人力资源管理工具加以运用，那么，问题将会接踵而来、难以解决。

- **忽视心理学，会让人力资源管理单薄化**

人力资源管理的对象是人，而心理学研究的对象也同样是人。正是因为共同的研究对象，使两个学科能够更好地融合，并更多地关注和改变企业内部的人员。因此，如果实际的人力资源管理中忽视了客观环境在员工内心的投射，忽视了员工的心理在管理中实际起到的促进作用和负面作用，那么，整个人力资源管理工作将会异常单薄。人们将只能看到那种只剩下权力的管理——实际上，这来源于管理者自己都不知道怎样去引导和启发员工。

- **错误运用心理学，让人力资源管理教条化**

心理学并非是一种得到充分利用的学科，尤其在目前的国内企业中。考虑到不少心理学理论并没有真正做到应用化，而那些已经成为管理工具的心理学理论所能够发挥的作用又比较有限，因此，更需要管理者进行大量的工作。然而，这并不意味着能够完全将心理学上的理论和知识直接变成对员工的管理规则。如果管理者进行过于简单、直接、粗糙的心理学管理，直接告诉员工他们的想法上存在哪些问题，无疑并不会让他们直接进行改变，甚至会带来员工的叛逆表现。

- **盲目应用西方理论，导致人力资源管理水土不服**

西方的管理心理学思想，建立在其自身的文化发展基础之上，而东方文化并不会完全如此。因此，如果盲目地和生搬硬套地应用西方理论，很可能导致人力资源管理工作中“水土不服”的情况发生，即使管理者本身能够掌握和利用西方的心理学知识，然而却没有找到正确的方向加以体现，那么也只能做出一些琐碎的尝试，缺乏真正价值。

因此，人力资源管理者应该学会正确地将心理学同管理理论加以综合利用，从而形成合力，帮助企业和团队收获更多：

● **利用心理学来直接开发员工潜能**

人才是企业的发展根本，因此，富有生产力的员工，才能给企业带来真正的效益。企业管理者应该针对不同的员工需求，对他们进行分类管理。这就需要管理者能够正确分析他们的心理，找到其更加全面深层次的心理需求。当管理者满足了这些需求之后，员工们将得到应有的满足，并开始对自身的热情和潜力加以激活，发挥出更多的主观能动性与自我创造性。

● **让心理学理论与现实规则相结合**

任何一个企业和团队都有具体的生产、工作和运行规则，但是，这些规则更有必要通过融入人力资源管理心理学，从而具备更多的科学性和客观性。当心理学的理论和原则不再只是书面上的枯燥内容，而能同这些现实规则具体结合之后，员工们将会发现，管理并非像他们原来想象或感受到的那样富有侵略性或约束感，他们也会更加认同管理的手段与最终目的。

● **通过心理学营造良好的管理氛围**

人力资源管理不仅仅是制度条例，更重要的是要影响人心，员工有好的态度才有好的行为，有好的行为才有好的绩效。管理人心，是管理人员的根本，也是管理人员的最高境界。通过心理学的相关知识，可以更好地营造用人心理环境，这往往通过企业文化表现出来。人力资源管理好的企业，往往企业文化也好；反之同理。二者与人心都有着紧密联系，一般而言，都有较一致的基本特征。当人力资源管理与企业文化相匹配时，二者相辅相成；但是，当二者不匹配时，可能会出现内耗与阻力。

## 马太效应博弈平衡之道

某种程度上，人力资源管理心理学应该让管理更加平衡。

研究人力资源管理心理学，必须要先学会理清这门学科的实际目标。应该说，人力资源管理有着各种各样的目标，围绕这些目标曾经出现过不同的解释。甚至有不少教材详细地阐述了人力资源管理的定义、实现目标的一系列步骤和方法。如果将目标简化，我们不妨将它看作人力资源管理心理学在实施过程中最终想要得到的结果，不论结果是好是坏，对于人力资源管理的领导者来说，结果总是应该存在的，而更加值得注意的是，人力资源管理的目标，同心理学有着难以分开的联系——这样的目标就是平衡。

心理学应该是一种平衡之道，人力资源管理所追求的最终目标也应该是一种平衡。通过对平衡的追求，管理者的团队和企业将能够得到一种相对的平衡状态。而人力资源管理的对象是具体的人，所以，管理者必须要对人进行深入的研究，研究团队中的每个人究竟在追求什么，从而加以引导和管理使之达到平衡状态，这样才能达到最高效优质的团队状态，取得良好的业绩。然而，管理者又应该明白，不同的人达到平衡状态的途径是不同的，对于普通员工来说，获取更高的收入，或许就能带来平衡；而对于中层管理者来说，获得健康的身体、良好的工作状态和较大的发展空间，就是自己想要的平衡；而对于企业高管来说，追求更大的事业、更长远稳定的市场就是自己的平衡。因此，针对不同人的平衡观念，人力资源管理者也应该使用不同的管理工具，从而为他们创造推动更多的平衡感。

在下面的例子中，我们可以看出人力资源管理者是如何为团队打造平衡的。

H公司是一家高科技研发应用企业。公司运行一段时间后，董事会认为有必要从公司外招聘一位新的技术主管，担任公司业务部门的经理。根据董事会的人脉推荐，他们最后看中了在同一个集团下某地产公司技术部的优秀员工郑先生，而董事会选择的理由则是郑先生在互联网络技术运用、工程智能化方面的技术完全达到了国内的领先水平。

董事会通过努力将郑先生调入后，他工作积极勤奋，能够带领员工不断地寻求更好的技术系统来支持企业工作。然而，郑经理并不知道究竟如何打造一个统一的团队去提升技术，换句话说，他在经营和管理团队的能力上并没有表现出应有的水平。于是，有董事会成员提出将其撤换，但围绕着如何撤换他的方式，董事会内部产生了不同的意见。

董事们各自提出了各自的看法。有的董事建议，让他进入董事会，兼任公司在技术上的负责人，不用负责管理；有的董事提出，让他担任分管技术的副经理，但享受经理的待遇；还有的董事提出，我们现在最需要的是经理而不是技术人员，因为经理能够直接打造团队来扩大经营规模并创造出直接的效益，如果郑先生不行，那么，就干脆撤职，让他回原来部门去担任技术人员——当然，可以考虑给他涨薪、欢送，都不是问题。

但是，董事们最终在咨询了公司HR总监之后采用了他的方案。

HR总监是这样看待这个问题的：

首先，郑经理是有很高技术的优秀人才，也是企业的财富，如果企业没有给他提供正确的岗位，那应该说或多或少是企业的失误；其次，郑先生的确是公司需要的专业人才，这样的人才和缺少经理人的事实并不矛盾，实际上，公司已经依靠郑先生在技术上带来了创新，如果把他重新调回去，对公司技术有影响；再次，目前其他的管理人员虽然在管理经营上有相当经验，但他们的技术业务并不算熟练，理解也不透彻，需要郑经理的帮助。而且，选择郑先生进董事会也不合适，因为他作为董事又兼任技术总监在工作中并不合适。如果直接将郑经理换掉，也会带来更加复杂的负面影响。

因此，HR 总监提出，设立一位总经理，可以由董事担任，然后设立两个总经理助理。其中一名可以是深谙公司经营管理法则的资深管理人，进行日常的经营管理工作，而郑先生则可以调任总经理助理，负责对技术上的问题加以解决，同时，还可以通过日常工作的合作、观察、学习，逐渐在经营管理上有所突破，并在技术业务上保证足够高的水平。这样，即使到那时再撤销总经理的职务，形成新的领导班子，也可以保证公司团队的稳定和业绩。

可以肯定，董事会之所以同意了 HR 总监站在人力资源管理角度上所提出的建议，并不是因为他的方案有足够的特色或吸引力，而是因为这个方案很好地考虑到员工个人和企业、企业内部各部门、企业的现在和未来等一系列问题的平衡。这显然是人力资源管理应该达到的良好结果，通过实际措施为整个团队打造出平衡的心理。

不少人力资源管理者并没有意识到保持平衡的重要性，他们经常会因为“马太效应”而导致团队失去应有的平衡。

所谓马太效应，是指好的越好，坏的越坏，多的越多，少的越少。这种说法源于圣经《新约·马太福音》中的寓言，并出现在人力资源管理的过程中，影响着管理成果和团队进步。

● **马太效应导致团队士气高低不同**

由于马太效应的逆向推动，人力资源管理者很容易忘记每项管理行动都会推动士气发生不同的变化，这样，士气越高的员工越容易得到鼓励，而士气越低的员工越容易有挫折感。一定时间之后，团队的士气高低就会差距过大，无法形成有效统一的团队士气。

● **马太效应导致团队员工能力结构差别过大**

同样，如果人力资源管理者没有通过自己的管理给员工以均衡的发展机会。那么，起初能力越高的员工越容易得到锻炼机会，而起初能力越低的员工越容易错失机会，这会导致团队中的能力差别过大，而无法形成相近的员工能力。

● **马太效应导致管理方法体现的结果不一致**

在马太效应的影响下，管理者原本能够作用于整个团队的管理方法，会因为不同员工之间不断增加的差距，而带来不同的结果。有的员工具备较好的理解能力、团队意识、操作习惯，他们的工作过程和结果很容易体现管理方法的作用；而有的员工本身理解能力较弱、团队意识和操作习惯都缺乏基础，则管理方法对他们起到的作用也不大。这样，相同的管理方法却难以得到一致的管理效果。

为了避免出现这样的问题，人力资源管理者应该能够对整个团队的管理进行统一化：

● **对团队员工进行统一测评**

利用心理学知识，对团队中的员工进行同一个标准、同一个方法、同一个目的和意义的测评。这样，员工的优缺点、差异性以及性格特点，都能得到相同的认识和对待。有了这样的测评结果，管理的平衡结果就会有更多的依据来得以实现。

**● 让员工的物质利益和心理利益均衡化**

员工看重的并不仅仅是物质利益，同时也看重他们的心理利益。如果管理者只注重物质利益，而无法看到心理利益，就会导致二者之间产生过大的差距，而让员工个人失去利益的均衡，更会让整个团队失去均衡。

**● 强调员工的发展均衡化**

除了少数极端的员工——比如非常优秀或者应该淘汰的员工之外——管理者应该着重建立员工整体发展均衡化的模式。例如，向员工提供均等的工作机会、满足员工的心理要求、建立长远的发展计划、向员工提供更加丰富的支持等等。这样，员工个人之间的发展就会更加均衡、更加统一。

## 心理学上要有“两把刷子”

人力资源管理者应该具有丰富的心理学知识。

伴随着市场经济的发展，企业将面对更加复杂多变的竞争格局。很多企业都开始寻求用不同的方法来提升企业业绩、风险的管理和安全的管理。必须承认，这些都和人力资源管理者有着密切关系，更同他们是否具有较高的心理学知识有明确关系。

在企业中，不同的员工都是不同的独立个体，这些人在生活、工作中遇到的不同的细节变化，都会影响到他们在工作中的情绪。虽然从表面上来看，也许这些员工的家庭、社会、婚姻关系同他们的工作并没有太多关系，但实际上，正是因为这些细节，会影响到他们的整体情绪。不同的情绪，会影响工作中的员工，导致他们工作效率的上升或下降。因此，一个优秀的人力资源管理者，必须要具备应有的心理学知识，并懂得如何运用这些知识，掌握起码的心理学工具。也就是说，人力资源管理者并非是心理学家，但他们应该在心理学上“有两把刷子”，从而保证管理业绩能够有更好的保障。

一位能够帮助员工从心理学角度出发去解决情绪问题的人力资源管理者，他们对于企业和员工来说都是宝贵的资源：对于企业来说，这样的人力资源管理者能够使得员工重新提升工作效率；而对于员工来说，这样的人力资源管理者是能够帮助他们寻找到解决问题方法的关键人物。因此，懂得心理学并能够准确应用心理学的人力资源管理者，显然能够成为让企业和员工双赢的因素。

与此同时，一个懂得并会使用心理学来解决不同问题的人力资源管理者，还能够帮助企业更好地应对不同的危机，帮助员工正确应对困难，比如业务重组、并购、裁员等等。这样，在全球尚未完全从金融危机的阴影中走出、经济情况不容乐观的情况下，人力资源管理者的心理学知识和能力更容易帮助企业战胜困难获得收益。

另外，一个懂得将心理学融入管理过程的管理者，显然更容易得到企业的欣赏。某外资企业的资深人事总部部长就提出：掌握心理学，或即使是了解心理学的管理者，相比那些对之并不掌握和了解的管理者，都要更加容易为团队带来组织的凝聚力和良好的氛围，只有当人力资源管理者能够及时充分地满足员工的心理需求之后，他们才能充分调动员工的工作热情。因此，这样的人力资源管理者显然是受到企业欢迎的。

在这样的大背景下，据统计，近年来60%以上的大中型企业的人力资源管理者，都参加了心理咨询师的相关培训，他们中还有不少人自费去参加课程，从而找到为工作增添业绩的更多渠道。正如一位参加了心理专业培训的人力资源管理者所说的那样："当我学会从心理学角度去观察、发现、思考和解决工作中的问题时，我经常发现，所有的事情其实都并不难以解决。看来，这就是懂一点心理学的魔力！"

懂一点管理心理学，意味着人力资源管理工作会更多地以人本思想为前提而开展。这样，人力资源管理就能更好地调动员工的积极性、对组织结构加以改善，从而对团队绩效也加以提升。反之，不懂心理学的人力资源管理者，经常会导致出现下面的问题。

- **员工和管理者缺乏正确的沟通渠道和内容**

如果管理者不掌握心理学相关知识，不懂得从心理上分析员工的感受和想法，那么他们就很难同员工进行真正良好的沟通，甚至连正确的沟通渠道都无法建立，更不用说采取不同的方法来进行有效沟通和理解了。

- **无法建立持续有效的企业文化**

任何一种企业文化，想要真正打动员工，并渗透到员工自身的工作方法、工作习惯和工作态度中，就需要在心理上影响员工的观点。只有真正能够在心理上使员工产生共鸣的文化，才能代表一个企业的前进方向，并让员工受到潜移默化的影响而不愿逃避。

- **管理者不能正确面对管理过程**

毋庸置疑，管理过程总是充满艰难的，尤其面对不同的新问题、新困难，加上管理者自身容易产生的情绪问题和心理问题，这样会带来许多潜在困难。因此，如果人力资源管理者能够正确面对管理过程，利用心理知识工具，那么，就能战胜自己管理前进道路上的困难，并提高自身的管理业绩。

实际上，管理者可以让心理学帮助他们更好地进行人力资源的整合和引导：

- **懂心理学的管理者更懂员工**

管理者对员工的了解，应该深入到心理学层面。如果只是观察到员工的表面行为、语言、态度、表现，那么，管理者很可能只看到员工的浅层次表现，而不懂得员工的内心变化。实际上，心理学的应用，可以帮助管理者从更多表现上看懂员工，包括微表情上、笔迹上、性格分析上、肢体语言上等等。当管理者能够更好地读懂员工之后，整个队伍的管理水平会显著提高。

- **懂心理学的管理者有更多管理方法**

如果管理者有心理学上的“两把刷子”，那么，他们在管理方式上会更加多元，更容易对员工带来深远的影响。

这是因为，心理学的思考方式往往能够提供给管理者更多的思考方式、更多的沟通渠道，也能够让他们经常性地自我反思，找到自己在管理方法上的缺陷，并得到正确的管理方向引导自己提升。因此，为了找到更多的管理方法，管理者有必要持续提高自身的心理学知识，从而保证管理效果的提升。

- **心理学让管理者更加看清楚自我**

管理者如果不能看清自我，就代表他们无法看清管理过程。这就需要管理者利用心理学知识来正确看待自我和企业、员工之间的联系，能够正确衡量自身在团队和企业中的作用，能够看到自己在怎样的心理状态下做出具体的抉择。这就要求管理者应该采取心理学的观点来评价自我的心态、行动，从而发现自己在团队中扮演的角色、带来的价值、产生的效果。也正因为如此，管理者才能更好地看清楚自己，并通过这种自我观察，获得更多管理过程中的收益。

# 菲德勒模式解决“心”变化

管理者的心理变化是重要的团队变化。

随着生产的发展、社会分工的不断深入，人力资源管理的局面越来越复杂化。不同的管理理论和方法不断出现，它们各自应用的环境也千差万别。由于外资企业的不断进入，中国国内企业必须改变原有的生产模式，获得新的发展空间，争夺新的本土竞争力。因此，在这些企业中的人力资源管理者，必须找到更好的模式来应对内心的变化——无论这些变化是指员工的变化或者自身的变化。

在这样的模式中，菲德勒提出的“权变管理理论”适应了新时代中企业、团队和个人的需要，帮助人力资源管理者能够更好地树立管理意识、掌握管理方法、解决管理活动中的新问题。

想要真正了解菲德勒的权变管理模式怎样解决“心”变化，我们还要从其历史发展过程着手研究：

20世纪60年代以后，资本主义世界的经济迅速发展，不同行业的企业规模不断扩大，而在技术和产品领域，更新所花费的时间也越来越短。另外，市场的竞争不断激烈，生产的社会化程度不断提高，来自社会、市场和用户的需求变化也越来越快。这种从外部环境而来的变化让企业和员工都难以把握。

正是在这种不断变化的情况下，权变理论应运而生，而其创立者则是美国的菲德勒。

弗雷德·菲德勒，是美国当代著名的心理学家，同时也是管理学专家。从 1951 年开始，他通过管理学和实证环境的研究，同时在两方面开始研究领导学，提出了“权变领导理论”。这一理论开创了西方领导学理论中的新阶段。可以说，在菲德勒理论之前，人力资源管理的领导理论主要是形态学、是静态的，而在这个理论提出之后，人力资源管理中的领导理论开始了动态化的研究，因此，菲德勒的理论对人力资源管理学发展起到了重要作用。

该理论认为，并不存在一种“普遍适用”的领导方式，这是因为，任何形态的管理领导方式都是有可能成功有效的，而其是否成功有效，则取决于其领导方式和领导环境相互是否适应。具体来说，管理者本人和管理过程，实际上也是工作环境的产物。

在菲德勒权变理论中的第一个领导模型，被称为“菲德勒模型”。他指出，有效的群体业绩，将来自于下面两个因素之间的合理匹配：和员工相互作用的管理者风格；情境对管理者的控制和影响程度。

菲德勒模型的建立，帮助管理者看到自身“心理”变化对管理的重要意义，也看到了周围情境对管理过程所造成的不同影响。可以说，正是这些情境的变化，让管理者产生心理状态上的不断变化；也正是把握这些情境变化，能够让管理者对自己的管理态度和方法做出真正的改变。

然而，在不少人力资源管理过程中，管理者还没有意识到“权变理论”及其模型的作用和意义。因此，纵然他们总是在关注员工的变化，但却因为无法看到自身的“心”变化，而失去对团队的有效带领和控制。

- **忽视职位权力带来的“心”变化**

管理者如果不清楚菲德勒模型的使用，就常常无法看到职位权力的变化会给自身和团队都带来心理上的变化，这样，利用心理学来进行人力资源管理的目标就无法实现。实际上，职位权力是指管理者所处职位的权力和权威大小。管理者如果能够具有明确的职位权力意识，将会比缺乏这种意识的人能够更好地认识自身和团队的心理状况。

- **忽视任务结构带来的“心”变化**

不少人力资源管理者总是将企业中的员工团队看作静态的，即只是一个个固定的个体，而无法看到他们在面对不同工作任务时的变化。即使在员工的任务发生改变后，这些管理者也并没有调节自身的心理，更没有去调节员工的心理。但实际上，工作任务是否明确、结构是否合理，对员工和管理者自身的心理影响都很大。

- **忽视上下级关系带来的“心”变化**

不可否认的是，即使是同样的工作任务、同样的团队，不同的上下级之间，也有着不同的关系。遗憾的是，不少管理者没有将上下级关系放在能够影响乃至决定心理感受的位置，他们忽视了领导者是否受到下属爱戴、尊敬和信任，也忽视了下级是否愿意追随领导者，这样，心理感受也就同样被忽视了。

菲德勒模型其实是提供了一种新的方式来观察团队和管理者的心理变化，为管理者做出正确的管理选择和行为带来了可能。想要真正利用好菲德勒模型，人力资源管理者应该重点采用下面的方法：

- **通过研究心理变化来确认自身的管理风格**

利用菲德勒模型，管理者可以首先确认自己的心理变化，并进一步确认自身的管理风格。这是因为领导行为的方式，实际上是管理者自身个性和心理的投射，并不会有太多改变。也就是说，管理者应该先明确自己在新的工作关系中更看重哪一部分：是工作本身？还是员工？从而确定自己的心理和个性特点是属于任务趋向性，还是关系趋向性，并由此判断出自己的最基本的领导风格。

如果答案是前者，那么，管理者所需要建立的领导风格应该是以任务为导向的，团队应该将工作作为心理和行动上的重点。而如果答案是后者，那么，团队应该将内部关系作为心理和行动上的重点。

**• 观察和确定团队所面临的情境要素**

管理者应该去明确观察并确定影响团队和自身心理变化的三项情境要素：领导者和成员关系、职位权力和工作任务的结构。这三项要素都可以通过对日常工作中人员之间的互动进行评价、对职位功能的具体分析以及对任务步骤、目标和背景的梳理加以完成。

**• 评估管理者和情境因素的匹配程度**

在明确上述情境因素之后，管理者应该积极评估自身和情境因素之间的匹配程度。根据三项因素的相互搭配，一共能够得到八种不同的情境类型，管理者可以从这些类型中找到目前自身所处的位置——从三个条件都最佳的情境到三个条件都最差的情境，从而为下一步展开，对自身心理的引导、对团队的管理做好充分准备。

**• 利用情境因素提高管理的有效性**

在明确管理是否有效适应情境之后，管理者可以通过两种途径来改变自身的管理方式：要么选择积极改变自身的管理心态，决定是否采取新的管理方式来进行领导；要么改变整个团队的情境，从而保证自身的管理心态能够与之适合。

例如，管理者发现目前所处的情境是十分不利的，而自身心理又是以关系趋向为主导的，那么，他应该选择将自身的管理心态改变成为任务趋向的；又如，当管理者发现可以通过增加自己职权、改善和员工关系等方法来改变情境时，他也应该积极尝试，从而让自己和团队更加适应。

## 心理契约稳定员工关系

员工和团队之间并不仅仅是合同关系。

“心理契约”这个概念,最早于20世纪60年代初提出。所谓心理契约，指的是员工和企业之间产生的一种隐性的、非正式的相互理解和默契关系。这种关系来自于员工和组织相互之间对于各自责任的期待，包括个体和组织在水平上的期待、责任上的期待等等。随着日后的发展，心理契约成为一种和经济契约所对应的概念。经济契约通常都以签订合同的方式出现，可以看作一种正式的契约，比如，人力资源管理者可以通过合同来约束员工的法律义务。然而，心理契约并没有严格的法律效力，而是带有相当的主观性，同时对员工和团队的影响往往更加深刻、更加内在和持久。

赵先生三年前进入一家公司，负责技术上的开发和维护。由于近年来市场竞争变得越来越激烈，公司的业绩虽然有所增加，但是不少同事纷纷离职。而赵先生面对的工作压力是很大的——既觉得工作身心压力较大，又觉得本身知识储备开始缺乏，希望能够得到更好的培训。于是，赵先生大约在半年前向公司的人力资源主管提出希望得到及时的休息和进修机会。

然而，由于当时公司的业务繁重，加上也有其他员工离职，公司的人力资源主管向赵先生解释说，总经理希望他能够继续留在目前的岗位上。主管还暗示说，总经理曾经表示过，按照赵先生目前对公司做出的贡献，在他的资质到达一定程度后，就会将他提升成为开发设计部门的主管。赵先生考虑到，如果今后能够从事管理方面的工作，压力的确会比现在从事单纯的技术工作小不少，因此，他接受了人力资源主管的建议，放弃休假，也暂时不寻求进修，而是继续留在岗位上工作。

在此后将近一年的时间内，赵先生可以说是工作兢兢业业，像他后来所说的“累得跟牛一样”，这种繁重的工作压力，让赵先生身心俱疲。然而，正当他为未来的美好工作职位奋斗的时候，他忽然得知，开发部门又任命了一位新主管。这让赵先生感觉自己被骗了。

赵先生这次没有找人力资源主管，而是和公司总经理进行了沟通。总经理先是夸奖赵先生工作认真勤奋，然后说，他的管理经验还不够，工作视野比较狭窄，无法担任管理的重任。赵先生虽然在表面上没有说什么，但是在心中却认定，自己技术工作比管理工作干得好，但并不代表自己就没有管理上的潜力，更不应该被人力资源主管如此“忽悠”。

由于越想越生气，赵先生决定向公司辞职。由于赵先生长期从事公司的技术开发工作，公司很想挽留他，人力资源主管也提出了加薪的条件，希望他能够再以普通员工的身份留在公司。然而，此时的赵先生对公司已心灰意冷，他坚决选择了离开。

赵先生究竟为什么从满腔热情的工作到毅然决然地离开？公司是否真

的有什么亏欠他的地方？实际上，从经济契约也就是双方合同上来说，公司对赵先生没有任何利益上的伤害，甚至还提供给他锻炼成长的平台，否则他也不会如此有底气地辞职了。真正的问题，在于这个公司的人力资源主管没有看到赵先生和他之间建立起的心理契约。

可以说，心理契约的内容，很大程度上是员工个体的主观感受，而不是事实存在的一种相互责任。因此，心理契约可以根据不同人的理解，而得到不同的解释。正因为如此，心理契约经常可能被破坏甚至被无视。但是，作为企业的人力资源主管，如果主动无视或者破坏心理契约，给员工个体和整个管理带来的效果就会是非常负面的。

- **不关注心理契约，就无法提高员工忠诚度**

在员工和企业之间的合同中，规定了员工劳动的条件、规章制度、获取的报酬、违约的责任，等等。但是，这些并不足够提高员工忠诚度，在员工的培训、发展、晋升和职业上，需要心理契约很好地建立并加以弥补，从而增强员工对组织的信任、提高员工对组织的忠诚度。如果管理者没有尊重员工的心理契约，也就丢失了员工应有的忠诚。

- **违背心理契约，会造成团队的不稳定**

由于中国企业目前在人力资源管理上更多看重经济契约，用白纸黑字的合同条款来明确双方责任和义务，而不大注意主观上的心理契约，因此，心理契约经常被违背，造成了团队的不稳定局面。例如，随意退出，以经济契约的结束来“报复”心理契约的毁约；提出过多意见，用这种方式来发泄对于心理契约毁约的不满；总是保持沉默态度，以被动姿态来对应管理；采取破坏态度，即不仅忽略自己应该为团队做到的工作责任，还损害组织的利益，例如故意懒惰怠工、带走客源或者隐瞒利润，等等。

- **忽略员工心理契约，直接影响团队业绩**

心理契约是主观性的，即使心理契约被违反，也并不代表企业或者管理者就一定造成了员工利益的损失。但即使如此，心理契约被忽视或者被毁约，一定会直接影响员工的工作动力或者工作表现。例如，造成对员工工作积极性的挫伤、造成员工对组织期望的降低，最终，一定会影响到整个组织的绩效。

心理契约的正确引导、建立、维护、履行，是人力资源管理者采取正确方式来“用心”管理队伍的正确途径。为此，他们应该从以下方面加强对心理契约的重视：

● **对新员工传递出正确的信息**

对企业组织来说，员工是宝贵的人才，而对新员工管理效果的好坏，会直接影响下一步企业中人力资源的数量和质量。因此，对新员工的管理，是整个人力资源管理的重要一步，也是建立心理契约最关键的第一步。

对于新员工来说，构建心理契约从一开始接触人力资源管理者就开始了。因此，人力资源管理者更应该从一开始就为员工建立真实的工作氛围，而不是通过提供虚假信息，或者对员工进行模糊性的暗示来“欺骗”他们。管理者应该将整个组织对于员工的期待、职位的要求、双方的责任和义务等方面的信息加以明确的整理，并与员工进行充分的沟通交流，这样，员工就能形成正确的心理契约。

● **抓住机会，加强心理契约动态管理**

当人力资源管理者意识到员工因为外界或内在的变化，在心理上对契约产生种种猜疑或者否定时，应该进行积极主动的沟通，从而有效削弱乃至消除员工对于心理契约的猜疑。这是因为，心理契约本身是主观和内化的，但它经常会跟随内外环境的变化而加以变化，因此，管理者更应该和员工保持积极有效的沟通，从而保证员工的心理契约能够更加明确和固定，能够在双方的理解上达成一致。尤其是当人力资源管理工作中的某个方面发生变动时，更需要及时向员工传递信息，以便他们能够及时做出必要调整，从而符合管理的现实。如果管理工作中违背了员工的心理契约，管理者也应该积极沟通，向员工做出必要的解释，这样，能够确保双方在维护自身利益的前提下，出让部分利益，重新获得一致。

- **强调以人为本的企业文化**

如果管理者能够打造出优秀而现代的企业文化，能够突出以人为本的特色，那么，企业的文化价值观将会建立在对员工的能力的关注上，会积极顾及员工的心理感受，而包括人力资源管理在内的企业更多管理活动，都会围绕如何让员工发挥出更多主观性和积极性来进行。

因此，人力资源管理者应该通过建立让员工人尽其能、人尽其用的企业文化来管理人力资源。这样，原有的刚性管理会更加柔性化，原来的强制命令管理方式会转移成心理契约的管理方式，这样，能够使管理以更低的成本和更好的效率促进整个组织的长远发展。

## 心理学提升未来管理力

人力资源管理需要用心理学面对未来。

现代管理学之父彼得·德鲁克说过，管理学对于管理的事实有一套自己的基本假设，正是这样的一套假设，形成了管理学这门学科的基本规范。在20世纪，因为社会环境在变化，管理的基本规范也在发生不断变化。而到了21世纪，管理的规范依然会不断发生变化——随着时代的变化，社会、政治、经济、科技方面的不断进步，原有的管理假设已经跟不上现实的变化，管理规范自然也应随之变化。

因此，人力资源管理者应该学会在研究自身管理方法、结果的时候，将人、企业和组织放在社会的时代环境中研究，而不是仅仅局限于目前和具体组织中。管理者应该能够不局限于手头工作，学会利用心理学来管理好那些超出个人乃至本部门、本企业的未来趋势。而这，也就是将心理学融入人力资源管理的意义所在。

实际上，已经有越来越多的管理者开始学会用心理学这样的工具来提升未来的管理效果。

一家大型国有企业的人力资源部门，在选拔该企业处级干部后备人才时，采用了积极关注未来的评价方法：

首先，这家企业的人力部门对所有备选人选进行了综合能力的评估。在这方面的评估中，备选人才不仅要表现出目前工作中所需要用到的具体能力，同时还要求他们展现出对未来工作所具有的包括心态、情绪掌控能力在内的工作能力。另外，该企业的人力部门还运用现代的评价技术，对被评估者的心理成长潜力进行有效评估。

其次，该企业还规定让组织部门到基层员工中考察，这样的考察分为不同的考察小组，每个组由两人组成，明确规定考察组必须由这两人同时工作，而不能单独与下面的员工进行接触。这样，考察就能够很好地明确基层员工的心理变化，了解他们是如何看待即将可能成为他们上司的人选的。

最后，该公司的人力资源部门还同备选人进行面谈，面谈围绕着被评价者所表现出来的反应、情绪、设想等等进行记录，并最终形成关于其领导心理和领导能力的报告，作为决策层是否聘用对象的依据。

可以说，这样的人力资源管理方法，采用的正是积极面向未来的思维方式。在这样的思维方式指导下，人力资源管理将不仅仅是一种对人力资本的消耗，而是一种能够为组织未来创造利润的前瞻性行动。但是，管理者们必须意识到，只有真正将心理学知识和方法融入管理模式中去，这样的人力资源管理才会更多地关注未来。

- **缺乏心理学观点，人力资源管理只能看到短期工作目标**

由于一些人力资源管理者还没有认识到心理学在日常管理工作中的重要性，因此，对于他们来说，管理工作始终只是在完成一些短期工作目标：招聘、考核、薪酬、业绩等等。由于没有对这些工作目标采取以人为本的态度进行分析，也没有意识到这些工作会引起员工在心理上怎样的反馈，因此，这样的人力资源管理者无法将这些目标充分结合起来作为整体目标进行观察，导致他们的工作总是顾此失彼、忙于应付。

- **忽略员工心理感受，人力资源管理永远在“灭火”**

真正的人力资源管理并非如同某些企业那样，仅仅是将档案整理清楚、完成例行公事、制定各种考核制度、完成考核过程、进行奖惩等等。在这些工作的基础上，管理者必须重视员工的心理感受，否则，不断年轻化和个性化的员工，很容易因为管理上的漏洞或者失误，给予负面影响，如辞职、跳槽、不合作、对抗、分散团队注意力、影响目标实现，等等。最终，人力资源管理者将会因为忽略员工的心理感受而总是处于“灭火”状态。

- **对团队集体心理把握不定，导致人力资源管理难以形成稳定方法**

由于缺乏对团队集体心理的把握，人力资源管理经常会“头疼医头、脚疼医脚”。管理者忽视了构成整个团队的员工个体，不明白将他们个人的心理特征和团队整体的心理特征结合起来分析看待。这样，人力资源管理的方法就会难以固定，无法形成稳定的规律性，也难以积累成可以反复运用的经验。

为了能够更好地让人力资源管理为未来服务，HR 管理者必须要让自己的管理工作成为心理学的实践：

● **结合经济发展来运用管理心理学**

随着经济的发展、员工短缺、外包增多、电子商务、企业转型，管理者必须学会结合经济发展的特点来运用管理心理学的工具或者知识。比如，更多地研究互联网时代下人力资源的特点，从而开展对应的心理疏导和管理，或者更专注地将心理学研究对象设定在“80 后”员工乃至“90 后”员工身上，以便于未来更快地适应对他们的管理。

● **从企业发展方向找到管理方向**

人力资源管理者是企业管理者队伍中的一部分，同样站在企业的发展基础上。因此，他们的管理方向和心理学应用的方向，必须要符合企业整体的发展方向。因此，一个优秀的人力资源管理者，应该随时能够摸清楚企业发展的具体方向，包括企业下一个要涉足的重点行业、企业对自身的定位、企业主要客户的群体特点、企业所面临的主要竞争对手，等等。

人力资源管理者应该根据这些发展方向的特点，有选择地利用心理学工具或者方法，挑选和培养适宜的员工，并采用更符合企业整体利益的人力资源管理手法，从而达到推动企业发展的积极效果。

● **从心理学本身的发展上把握未来管理**

心理学本身并非停滞不前的，随着社会的进步和科学技术的发展，心理学的运用程度和范围，也会跟随心理学本身的知识内容更新而向前发展。因此，管理者更应该随时掌握新的心理学资讯和内容，找到心理学运用在未来管理上的更多方向和重点。这就需要管理者能够对心理学有具体的关注和了解，比如，掌握人力资源管理心理学的研究动态，或者及时了解人力资源管理心理学的最新成果，从而把握未来管理的方向和特点。

# Chapter3.

## 发现镜子里的自己

### ——从心管理之定位角色

## 5D 模型从心认识自己

人力资源管理者应该更加深入地观察和认识自我。

人力资源管理者的形象绝不仅仅局限于其日常的言行和形象，而是来自于他们的思想品格、知识能力、工作作风、仪表风度和心理气质等不同方面的综合表现。其中，管理者的品格、能力、风度等等，都会影响管理者的自我形象。

想要提高自己的形象，管理者首先需要能够认识自己的性格特点。这是因为，在管理者和员工进行相互接触的过程中，对接触结果影响最大的，是管理者自身的性格特征。毕竟，管理者的工作风格同他们的性格特征有着难以分割的关系。但是，这并不代表员工只会喜欢那些形象刻板、性格单一的“老实人”管理者。实际上，只要人力资源管理者能够良好地认识和观察自己，从心认识自己，就会找到自己性格上的魅力点，从而吸引更多的员工。

美国商业家协会曾经公布过一份权威的心理学调查，这份调查结果显示，20 年来，美国在商业上获得成功的人士，其平均智商只在社会的中等层面，而他们的情商却很高。之所以如此，是因为这些管理者能够通过情商来真正认识自身的内心世界，从而建立起顺应内心的外在形象，吸引他们希望吸引的员工或者合作伙伴。

例如，甲骨文公司首席执行官拉里·埃里森，就是美国硅谷中人人都知道的“坏孩子”。在生活中，他追求新意、生活奢侈、性格夸张，而在工作中，他又经常对公司的管理进行大刀阔斧的干预。他曾经以闪电般的管理动作，对甲骨文公司的团队管理计划进行迅速改变，仅仅九个月中就为整个公司节约支出5亿美元。同时，在日常工作中，他也会不断体现出自身的性格特征，例如亲自为员工们准备好合同、帮助团队制定好新的谈判价格标准。这种表面的乖张和背后的细致精明，体现了埃里森的性格优势和魅力。也正因为如此，即使他在许多竞争对手看来是个恶魔，但依然有许多员工愿意追随他而矢志不渝。

对于埃里森来说，他充分了解自己的内心世界，能够清楚地看到自身的性格特征。正如他的前搭档评价说：“埃里森是一个地地道道的武士，他是一个破坏者，同时也是一个改革者。”拉里·埃里森，由于对自己的性格有充分的认识，因此，他那种桀骜乖张的个性，不仅没有成为他自身在成功管理路上的绊脚石，反而成为其个人魅力的来源。

但是，并非所有人力资源管理者都能够明确地认识自己的全部。正因为如此，才会出现人力资源管理者对自己缺乏了解进而无法更好地了解工作、团队、员工和组织的情况。

● **缺乏了解自身，导致管理起点落后**

由于人力资源管理者并不了解自身的性格特点，难以找到符合人力资源管理的性格优势。因此，不少管理人很难找到最佳的工作方式将自身的性格特点转化为管理上的高起点。这样，员工就无法从管理者对自己的性格管理上获得良好的启发和帮助。

**• 不认识自己，难以了解工作对象**

如果人力资源管理者不认识自己，实际上也就决定了他很难认识工作对象中的具体员工。这是因为当一个人不掌握正确的性格分析方法时，他会主观地评价自我的特点、独断地看待自己和他人的关系，同样，也不会客观准确地看待工作团队。

**• 人力资源管理者由于缺乏对自我的观察而无法抑制缺点**

任何一种性格都存在缺点，只有通过不断地自我抑制，才能避免对管理过程和业绩产生难以挽回的负面影响。而人力资源管理者如果不能采用正确方法了解自己、解读内心，就无法有针对性地找到应当加以抑制的缺点，同时也不能利用更多方法来防止自身性格的负面影响。

为此，人力资源管理者需要用准确的模型来解读自身的内心和性格。但是，这种模型应该符合下面的条件：有科学的理论基础；符合中国人的性格特征；具有很好的实用价值；易于掌握和使用。作者在研究大量权威模型的基础上，提炼出科学而普遍采用的维度，划分出中国人典型的五类性格，最终研究开发出"5D 模型"。"5D 模型"在经过大量的实践应用后，体现出了良好的实用价值和研究意义。

**• 利用 5D 模型认识自身的性格维度**

"5D 模型"是"五类性格模型"（Five Disposition Model）的简称。"5D 性格"俗称"我的性格"、"五行性格"。五种性格类型是通过两个心理学界普遍认同的维度划分的，这两个维度是：感性——理性；内倾——外倾。

因此，人力资源管理者可以通过利用 5D 模型，认识自身性格维度，并了解其更多指向于感性或理性、内倾或外倾。

**• 对自身性格进行分类**

通过在不同维度上的表现，5D 模型能够帮助人力资源管理者对自身性格进行准确分类。可将性格分为金、木、水、火、土五类典型性格。

这里的五类性格不同于传统五行，但又基于五行的核心特性。测试结果与五行无关，但性格定位与五行的基本属性密切相关。因此，管理者应该积极认识其中不同性格，并对应自身。

- **通过 5D 问卷测试和面试了解自我心理**

更加具体来看，管理者可以通过专业的 5D 模型的问卷测试和面试，来了解自己的性格。5D 模型有一系列的问卷测试题，可以根据自己的岗位、年龄、测试时间等选择问卷进行测试。5D 模型也有一系列的面试题目和面试观察手册，可以通过面对面的交流来把握性格特征，甚至还可判断胜任力模型中的多项能力与素质。通过测试与面试，管理者能够站在应有的客观公正角度去观察自我，只有当他们能够将自身放在和员工相同的位置去参加测试与面试，才能真正了解自我内在的性格和心理特征。

## 认清自己才知该做什么

认清自己，才能去认清工作和任务。

人力资源管理者究竟是怎样的角色？他们在企业中承载了什么样的任务？管理者如果不能很好地解答这些问题，那么，他们就无法去真正认清自我、认清工作和任务。事实上，人力资源已经不再是单纯意义上对员工人事进行管理的工作，而是上升到了战略高度。因此，人力资源管理者对自身的定位和认识，也就相应地更加重要了。

下面是目前通行的人力资源管理者认清自我的心理测试：

测试一：我是谁？

在这个测试中，人力资源管理者可以拿出一张白纸，然后用线条将之分为四格。然后，在白纸左侧一栏写上身高、体重、相貌、阶层、文化程度、性别、性格、人脉关系、职业、配偶、家庭、收入、爱好、住宅、健康、理想等等。当左侧写满以后，在表格上方从左向右分别写出："真实的我"、"理想的我"和"别人眼中的我"。然后，完成空余的表格。

测试二：我在组织中的人脉系统。

在管理中，人脉也同样是不可或缺的一种资源。如果用组织心理学中的术语来加以解释，人脉可以说是管理者在企业中的具体人际关系。而在传统的东方文化中，人力资源管理是否能成功，也取决于管理者身边人际关系。因此，在这个测试中，你需要在白纸上写出 1、2、3、4、5 等标号，这些标号的数量由你决定，具体多少都可以。然后，请设想，当你在管理中遇到困难时，你可以和谁进行倾心交谈，你可以向谁提出支援要求，你能够得到谁的主动帮助。通过这样的心理测试，你将能够归纳和整理，并帮助你更好地认识自己在团队中的角色与地位。

测试三：我的职业生命线。

职业生命线是所有工作者都会拥有的经历和财富，可以说，世界上有多少管理者，就有多少管理生命线。这道生命线就是我们每个人在职业中走过的道路，也是人力资源管理者所走过的管理工作路线。

测试开始后，请在一张白纸上用笔从左到右画上一道横线，长度可以随意，但记住，一定要在线上加上箭头，让它成为有具体方向的线条。然后，请在线条的最左侧，写上自己开始从事人力资源管理的年龄数字，比如“30”，而在线条右方箭头那一段，写上自己打算退休的数字，比如“60”。面对这条线，你可以加以仔细地观察和思索，为自己回顾出自己人力资源管理过程中的不同阶段、不同精彩。比如，你可以在其中某一点上写下“带领团队获得重大业绩”并标上红色，或者，在其中某一点上写下“由于工作失误，造成员工 ×× 离职”。这样，你将可以对自己的管理职业有一个清晰的认识和规划，能够形象化地得到个人的收获，满足自身的期待，也更好地认识自己。

其实，人力资源管理者，首先应该管理好自己；而只有先做到正确认识自己，才有可能管理好自己。因此，真正优秀的人力资源管理者，在认识组织、团队和员工之前，会首先认识好自己。这是因为如果管理者不能正视自我，就很容易造成管理工作中的盲点。

- **缺乏正确自我评价，难以规避管理问题**

可以想象，一个只能看到自己优势而看不到自身劣势的管理者，势必会戴着有色眼镜去看待自身和周围环境的互动，也只能看到在管理过程中自己的付出，而无法真正客观地去评价自身的工作。这样，员工乃至上司对他的负面评价也就在所难免，相应的管理问题会不断出现，导致工作难以进行下去。

- **不认清自我，难以树立正确的职业目标**

人力资源管理者需要为整个团队和企业树立正确的发展目标，同时也需要为员工做出职业发展上的规划。可想而知，如果人力资源管理者不能积极认清自我，就难以为自己树立正确的职业目标。这样的管理者很难为团队和企业规划出更加远大的整体目标。

• **无法正确看待自身的管理者难以得到提升**

对人力资源管理心理学的运用，需要管理者始终保持正确的学习心态。而不能客观正确地评价自我或者对自己缺乏了解的管理者，即使在工作中获得了一些业绩，也很难使业绩得到持续而有效的提升。当企业或者团队进入新的环境中时，他们很容易难以跟上形势的发展而被淘汰。

因此，人力资源管理者更有必要对自己加以全面的认识，充分关注自身的特点，更好地了解自身的优势和劣势，以便迎接人力资源管理工作对心理、情绪和态度的考验。人力资源管理者可以通过下面的方法来了解自我。

• **评价“小我”的特点和价值**

研究自身在企业中的“小我”价值，可以作为管理者对自我了解的起点。例如，根据企业的考核标准来评价自己在业绩上是否符合，根据组织中上司、同事和下属对你的评价和认可度来看待自己，或者通过他人对你的需要程度来评价自己等等。总体上来说，只有你首先看到了自己的“小我”价值，才能走上正确认识和衡量自己的第一步。

• **通过心理测试了解自我**

除了本节推荐的5D心理测试（见本书附录），人力资源管理者还可以通过其他权威的心理测试来进行自我了解。按照权威的分类方法验证自身的性格分类，并分析每类性格的特征，这样，可以从性格、心理类型上解释自身经常表现出的情绪倾向，从而帮助你更加明确自我在团队和他人眼中的形象。

• **客观评价自己的能力**

由于身处企业的中层，人力资源管理者往往会被一些现实所误导，认为自己已经具备了足够的能力。但实际上，管理者也需要通过经常性的总结、反思、回顾来验证自己在哪些能力上还有所欠缺。同时，人力资源管理者还应该记住提升自己的以下能力：学习能力、创新能力、培育员工的能力、影响力、沟通能力、协调能力、信息能力和危机处理能力。

• **建立人力资源管理者能力的评估体系**

当然，人力资源管理者的能力是否足够，还取决于企业是否提供了应有的评估和培训平台。因此，作为企业，还应该帮助人力资源管理者去建立这样的平台，这有助于帮助他们认识自我能力的短板，而能力模型则可以帮助他们对自我进行准确评估。

## 你是尽职尽责的人力资源管理者吗？

*尽职尽责的人力资源管理者必须面临更多考验。*

作为一名人力资源管理者，一定要学会对自己有适当的定位，能够全面认清自身岗位上的职责和要求，同时，也要学会对比这些职责和要求，更加全面地认识自身的优势和弱点。因此，除了强调对自身的特点加以认识之外，我更建议人力资源管理者应该结合自身的工作环境，学会扬长避短地了解自身。这样，在职业发展的顺利期，他们不会因为取得一些成绩而盲目地沾沾自喜，同样，在职业发展的瓶颈期，他们也会用一颗平常心来面对。这是因为，真正了解自我和岗位的人力资源管理者，总会以是否尽职尽责为标准来衡量和要求自己，这样，他们将会有更加完善的自我、拥有坚定的信念以及强大的自信心来破除管理工作中遇到的困难。

然而，并非所有的人力资源管理者都能有这样清醒的认识和准确的定位，不少人力资源管理者对工作岗位有着错误的了解，对自己的认识和期望也不清楚，这种心理上的误区，导致他们一开始似乎就和人力资源工作格格不入、难以产生共鸣。

凌小姐，目前在某家私营企业担任人事专员的工作。虽然她毕业于一家著名大学的人力资源管理专业，也有着良好的学业背景和实习经历，但是，她发现自己对这样的工作并不满意。

原来，凌小姐当初选择该大学的管理专业，是因为当年经过调剂的无奈之举，加上当时她认为人力资源管理专业就是注定将来要在企业中担任领导的。没想到，通过四年的学习，凌小姐发现自己并不喜欢这个专业。只不过是因为父母的要求、同学的比较，才选择进入了和专业相关的岗位，而且通过实习和面试，担任了这家企业的人事工作。

然而，工作一年下来，凌小姐发现，各种问题不断涌现。例如，她总是觉得工作缺乏创造力、没有和外界打交道的机会、难以表现出实际的工作能力，加上这家公司规模较小、人力资源管理员工很少，工作内容又相对较为杂乱……

凌小姐觉得，所谓人力资源管理工作对自己来说缺乏价值，让自己感到没有工作自由，又不能积极发挥作用。因此，她开始怀疑，自己是否是还能担任这样的工作。

在带领下属或员工成为高绩效团队之前，人力资源管理者应该先分析自己是否有承担人力资源管理工作的能力和勇气，而其中更重要的是，他们是否能够通过积极的自我监督和提升，成为尽职尽责的人力资源管理者。

可以说，由于不少管理者缺乏这样的思考方式、评价过程，他们并没有完全清楚自己应该如何去成为良好的人力资源管理者，也就表现出了较多并不专业的认知观点。如果不能改正这些观点，他们将很难成为优秀的管理者并正确发挥自身的特点和价值。

总体来说，像凌小姐这样的情况并不少见。

- **对人力资源管理工作内容缺乏了解**

虽然不少人力资源管理者毕业于院校相关专业，但是，他们更多的是从理论知识上认识到人力资源管理工作，而并非在实际工作中。这样，当他们进入企业工作之后，才会发现自身和人力资源管理工作之间存在着“盲点”，由于自身对实际工作缺乏了解而难以胜任。

- **在认知上将“管理”错误地等同于“领导”**

由于传统思想和心理错觉，直到今天，还是有不少人（尤其是新人）会错误地将“管理”等同于“领导”，将人力资源管理者等同于在办公室中衣着光鲜亮丽，工作轻松愉悦的角色。实际上，这种在认知上将管理等同于领导的倾向，也并非完全发生在新人身上，许多员工从事管理工作的时间越长，越是认为自己应该高于团队的普通成员，这种想法或多或少都会造成管理业绩下降。

- **没有从人力资源工作的要求上来衡量自己**

一些人力资源管理者虽然从事这方面的工作，但并没有用人力资源工作的专业要求来衡量自己。他们更看重的标准可能是企业用来衡量其他工作如销售、技术、行政方面的标准。在这种错误标准影响下，他们很容易形成错觉即认定自己是尽职尽责的好员工，而实际上他们并不是优秀的人力资源管理者。

综上所述，人力资源管理者应该从以下角度重新看待自己和这个管理工作之间的联系，搭建更好的交互渠道：

- **分析清楚人力资源在公司中的定位**

作为人力资源管理者，你应该根据组织发展的现状，分析人力资源职位在公司中所产生的作用，这些作用是和其他管理者所不同的。例如：根据公司的发展需要，合理地拟定公司的组织架构和岗位编制；为企业发展招聘合适人才；通过员工的发展进行通道的设置和合理的薪酬发放；为员工准备培训机制；吸引优秀员工，淘汰不合格员工；等等。越是认真、详细地了解这些，你对自己是否符合人力资源管理者的要求就越容易做出判断。

- **让自己的内心适应人力资源的工作**

想要让自己更加适应人力资源工作，只有先建立一个属于人力资源工作的内心世界。而为了更负责地扮演好这个角色，你应该学会站在更高的角色，用近乎于企业高层管理者或老板的角度，来看待人力资源工作的重要性。通过这些方法，你将拥有更加适应人力资源工作的内心。

- **从做好日常每个工作细节开始**

身为人力资源管理者，你需要关注好日常工作中的每个细节。因为这些细节都和你的管理业绩有着直接的联系。不要整天想着做出什么惊天动地的大事业，而要站在人力资源的工作岗位上抓住工作日程上每一件小事，从内心树立每个工作目标的最完美标准并努力实现。这样，你将从细节上逐渐清楚自己应该怎样肩负管理责任。

- **学会对每个员工负责**

人力资源管理者不仅应该对企业负责，同时也应该对员工负责。你应该学会把每个员工都看成你的服务对象，从心理上对他们给出更高的定位。只有这样，你才会想方设法在工作上肩负更多责任，同时为更多员工做出良好的服务。

- **将人力资源管理工作看成未来上升的必要通道**

有数据表明，人力资源职位和销售职位一样，都是公司高层管理者最容易成长的阶梯。因此，你可以将自己在人力资源工作中的经历看成一种锻炼，说服自己采取更好的眼光来看待工作，这样，就能找到自己为之更好坚持的动力和理由，并得到更大的工作支撑。

## 人力资源管理者的多重角色

人力资源管理者并非单纯意义的职位而已。

人力资源管理，顾名思义，就是对不同组织的人力资源进行科学的管理。在这样的管理中，工作并非简单的一面，而是要根据人力资源的不同特点去运用科学的方法，对人力资源的潜力进行充分的挖掘，加以合理的配置，从而做到人尽其才，并实现组织整体的高效运行。

因此，为了实现这样的优秀人力资源管理，必须要确保人力资源管理者能够清醒地看到自身的角色定位，即人力资源经理如何看待自身职位将成为管理效率的关键。这是因为，角色定位本身，将能够影响到一个组织中某个角色在一定系统环境下发挥的作用。而人力资源经理这个角色并非一个人，而首先应该是一个岗位、一个系统。

关于人力资源经理的角色，在现有的研究中有着如下几种观点：

《人力资源教程》一书中，作者戴维·沃尔尼奇认为，当代人力资源管理承担着四种主要的角色：战略性的人力资源管理者、组织的机制结构管理者、员工贡献程度的支持和管理者、转型和变化的倡导和管理者。

心理学家和管理学家爱德华·劳勒尔提出，未来的人力资源经理将会是：追随和领导者、主动和受动者、行政和顾问、控制者和合作者、道德楷模和商业伙伴、员工代言者、工作实践者。

而近期的国内研究则表明，人力资源经理在组织中扮演了下面的六种角色：专家角色、业务伙伴角色、企业和员工的服务者角色、变革的推动者角色、信息的管理者角色和领导者角色。

虽然有上述途径能够帮助人力资源经理在内心更好地认识自身的角色，加上在人力资源管理工作中人力资源经理的作用日益重要，传统的人力资源经理面临着重新思考、定义和认识自身角色的压力，但是，不少人力资源经理还是因为种种原因而无法正确认识自身的工作角色，因此，他们也或多或少面临不同的尴尬处境。

- **人际关系过于复杂、管理工作过于繁重**

由于人力资源部门本身是个服务性部门，面对的服务对象既有企业也有员工，如果人力资源经理不能很好地认识自身的工作定位，就无法从日常的管理环节中得到升华。结果，他们很容易面对工作量巨大而且繁重，乃至于千头万绪无从理清的局面。

- **难以准确衡量工作行为，产生效益不明显**

由于一些人力资源经理对自身角色认识不明确，因此，在人力资源部门的工作中，总是呈现出一种“花钱但是不赚钱”的现象，导致不少企业高管（至少在潜意识中）认为，许多人事工作在当时不能快速收到回报，甚至长期也没什么效果。这种想法会影响到企业更多的评价，如认为人力资源经理的工作行为难以进行准确衡量，投入产出的效益不明显，等等。

● **角色定位不明显，处境尴尬**

人力资源管理者经常处在员工和高管的中间，他们很难既能够代表基层员工的利益，又做到让老板满意。这是因为，许多人力资源经理并没有意识到，他们实际上同时担任两种角色：既需要维护组织利益，又需要维护员工利益，做到“上传下达、左右逢源”。由于对这样的工作角色不清楚，不少人力资源经理表面上看来为企业作了贡献，例如节省了公司费用、提高了短期工作效率，但长期来看很容易导致员工和组织的关系紧张、人员流动率不断提高，导致企业效益下降。

因此，人力资源管理者一定要学会正确地总结前人理论，结合现有实际，进行正确的管理角色定位。实际上，我们可以将人力资源管理者自我心理上的角色定位看成以下方面：

● **组织战略的支持者**

人力资源管理者应该是整体上管理企业人力资源的战略策划者和运行者，他们能够从整体上支持企业的人力资源管理。

● **业务部门的合作伙伴**

人力资源管理者应该将自己看作企业业务部门的合作伙伴，并以这样的角色来调整内心和行动，适时改变工作策略和流程，做到更好地为业务部门服务。

● **员工利益的代言者**

人才是组织形成和发展的根本。因此，员工同时也是人力资源管理者的客户,人力资源管理者应该从内心认识到自己有必要激发他们的积极性、挖掘他们的潜能，保证他们拥有正确的职业规划。

- **组织文化的管理者**

人力资源管理者因为能够管理“人”，因此，也就自然将引导和管理由“人”承载的文化。人力资源管理者作为组织中文化管理者的角色，管理组织文化的形成、发展变革。

- **监督和控制者**

企业的运行需要有科学监督和有效控制，这一切包括对组织的结构设计、文化的建设和转型、岗位和人事的调整、员工的管理等等。因此，人力资源管理者必须意识到，监督控制在自身角色中的重要意义，并借此提高监督控制的效果。

## 找到自己的管理“心”方式

人力资源管理者，用管理“心”方式来改变工作。

是时候用管理“心”方式来改变自己的工作方法了，用“心”方式来管理员工。这是因为，对于人力资源管理工作来说，管理“心”方式的工作方法,能够做到主要研究人力资源管理活动中所有人（包括管理者自己）的心理活动、行为规律，同时，将原本抽象的心理学研究成果和理论应用于人力资源管理实践中。因此，懂得管理“心”方式的人力资源经理，往往可以更好地顺应时代变化、员工更新和组织的发展，同时，随着经济全球化、市场迅速变化，心理问题也会日益被更多组织、更多企业所重视。这就是为什么人力资源管理者应该尽快地找到属于自己的管理“心”方式。而管理“心”方式主要可以运用于以下几方面的人力资源工作中：

首先是组织员工的甄选过程，包括从外部招聘员工、内部甄选员工。在这些选择的过程中，最需要加以固定的因素就是评分人的可信度。人力资源管理者应该通过运用心理学，提高测评可信度。通过选择正确的面试测试题来了解对方，采用管理“心”方式来精心设计面试，采用科学的方法去观察和打分。

管理培训：在管理过程中，人力资源的思维很容易表面化，逻辑也容易简单化。但管理培训的重点，应该集中在思维能力的训练上。因此，人力资源管理者可以将管理“心”方式的心理学知识和运用结合到管理培训中去，首先帮助员工了解自身的认识特征，然后从内心层面改变自己的思维模式。

领导过程：采用管理“心”方式的另一种可能是通过向员工提供动机来加强领导力。由于员工产生动机的核心原因是情绪动力，而提供动机的关键也是情绪上的互动，因此，管理“心”方式能够更好地通过良好的训练、沟通和知识的灌输、交流来影响人力资源管理者的领导力。这样，通过行之有效的管理逻辑，就能影响员工对领导力的承认。

沟通过程：人力资源管理者管理方式的一个重要部分是沟通。而沟通应该跨越的障碍，首先在于沟通对象的大脑。由于大脑是由本能、情绪和理性三方面协同工作的，沟通同时会受到这三方面的影响，而本能总是优先于情绪，情绪则会优先于理性，因此，只有采取管理“心”方式，首先揭开沟通对象的内心情结，带来本能和情绪上的释放，然后理性才能得以释放，从情绪和本能的“绑架”中释放出来。因此，人力资源管理者并非只懂得一些专业术语就可以，而是需要用管理心的方式去管理沟通。

当然，在绩效指导、员工激励、企业文化、管理开发等方面，管理者同样也需要采用“心”方式。

实际上，在当前的国内企业中，人力资源管理者对于心理学知识的掌握尤其重要。这是因为，在西方许多人力资源的专业服务已经可以由外包公司承担，这是由于西方存在大量专业服务机构，当这些企业需要心理知识进行管理的时候，他们可以借助专业的外部力量。但在现有情况下，国内企业则需要人力资源管理者能够具备更多心理学知识，从而及时判断管理中的逻辑与问题。而另一方面，即使仅仅从人力资源管理者的个人职业发展上来看，他们也更应该学习心理学。这是因为管理职业化是全世界企业发展的趋势，不少企业开始考虑利用外包的方式来进行人力资源管理从而降低人员成本。同时，新的人力资源专业的毕业生进入企业越来越多，他们要求的薪资也越来越少。因此，如果在人力资源职位上的管理者无法掌握心理学知识，那么其被淘汰和被替代的可能性也会不断增加。

最现实的是，如果人力资源管理者没有找到必要的自我管理“心”方式，他们很容易在管理上陷入困境。

- **使用错误的观察方式推断员工心理状态**

在不具备充分的心理学管理基础上，人力资源管理者很容易只会利用最简单的外部特点来观察员工，并推断员工的心理状态。这样就很难了解到员工有着怎样的真实想法。

- **无法看清员工的工作动机并进行控制**

人力资源管理者应该有充分的能力去看清员工的工作动机，以便进行管理和控制。但是，在员工工作动机越来越多元化的今天，管理者如果无法找到良好的“心”方式去进行引导，就很可能无法理解、难以掌握员工的工作动机。

**● 不能保证管理的长期有效性**

一些人力资源管理者常常能够利用新的管理策略取得管理效果的进步。但是，这种长期有效性必须建立在心理学的基础上才能得到保证。人力资源管理者应该能利用他的管理“心”方式去了解、评价和分析其管理策略取得的成效与否，而如果没有新的心理学管理方式，人力资源管理者就难以确保管理策略的长期有效。

想要让自己能够掌握良好的“心”方式进行管理，人力资源管理者不妨采取以下的方式来管理自身和团队的心理状态：

**● 正确利用心理咨询方式进行管理**

人力资源管理者可以利用正确的个体心理咨询方式进行管理，这种方法可以很好地对不同组织、团队或者员工产生积极影响。其中相当多的技术，可以直接用在人力资源管理谈话中。通过进行心理咨询，能够有效地提高人力资源管理者的谈话技术、妥善地了解员工的内心想法、积极主动地区纠正员工的错误思想、消除他们内心的不平，并引导他们主动思考，并提高他们的工作效率和积极性。

**● 利用心理知识预测员工的工作行动**

人力资源管理者可以通过自身对员工的了解和分析，进行心理学上的预先判断。通过这样的判断，能够充分预测员工在工作中的下一步行动。这样，管理就会获得更多的针对性和准确性，从而保证管理工作所产生的效应能获得集中。

**● 用心理暗示方法影响整个团队**

对团队的正确管理，不仅仅体现在HR经理直接和团队进行的交流沟通上，同时也体现在对团队的心理暗示上。例如，人力资源管理者可以通过不同的环境氛围设置、情绪引导管理或者肢体语言表达等等，去影响整个团队对待组织的看法，改变他们对工作的态度。而这样的方法将可以成为人力资源管理者的管理“心”方式。

## 自我管理先要从心开始

人力资源管理者应该学会管理好自我的内心。

作为人力资源管理者，管理好自我是管理团队的基础。因此，他们需要了解如何管理好自己的内心，具有应有的心理素质，才能做到良好的自我管理。

通常来说，人力资源管理者可以从下列方向去管理自己的内心。

第一，人力资源管理者应该管理好自我的心态。在人力资源管理者不断对自我进行塑造的过程中，影响最大的来自于他们选择的心态是积极的还是消极的。因此，人力资源管理者应该管理好自我心态，并达到工作目标，进而实现最大的自我优化。人力资源管理者应该进行积极的自我心态管理，从而随时能够迅速调整自我心态，持续地保持良好心态去对待工作和生活。

第二，自我心智的管理。人力资源管理者应该摒弃自身的主观偏见。这是因为偏见会禁锢他们的心灵，约束他们的见识和行为。因此，每个人力资源管理者都应该有自身良好而开放的心智模式，这种心智模式必然需要在自我管理中得到塑造和实现。

第三，人力资源管理者还应通过自我管理得到自我激励的能力。当人力资源管理者善于进行自我激励时，他们将能够不断地促使自己具备良好的前进动力。因此，通过自我的心理管理具备良好健康的心理之后，人力资源管理者就能善于运用具体的方法进行自我激励。

第四，人力资源管理者的自我管理还包括其自我角色的认知能力。当他们以各种角色穿插于组织、上级、同级、下属、客户之间时，需要能够在自身的定位上进行准确认知，这样，才会避免陷于尴尬境地，从而走向成功。

第五，人力资源管理者的自我管理内容必然包括情绪管理。情绪可以改变管理者的生活和工作态度，有助于对他们的人际关系进行改变。因此，情商高的管理者需要通过心理管理来控制和化解自身的不良情绪。这样，他们才能够更好地把握机会、控制愤怒、战胜消沉。

由于缺乏对自身的心理管理，人力资源管理者虽然尽力想要管理好自身，但效果常常不佳。这是因为，人力资源管理者管理自身的时间和精力并不多，如果他们缺乏心理学管理的知识和能力，就更加难以看到管理的成效，甚至连自身的有效改变都无法实现。通常，人力资源管理者产生的职业疲惫也大都来源于此。

- **无法具备良好的心理抗压能力**

人力资源管理者经常会面对繁忙的工作、不断的选择以及沟通的障碍，他们只有合理地利用心理管理方式来加以调整，才能正确地面对工作的压力，不会因此而产生过多的情绪波动。反之，人力资源管理者很难应对不断加大的工作压力，也就难以得到更好的自我状态。

● **无法尝试更好的工作方式**

只有具备良好的心理，人力资源管理者才能够进行更多的学习去尝试和了解新的工作方式。反之，当人力资源管理者难以控制好自己的情绪或者注意力，不能专注地去认识、比较不同的工作方式时，他们的管理成效进步也就会成为空谈。

● **难以得到员工的足够支持**

当人力资源管理者能够良好地管控自己的心理时，他将会因此而形成逐渐提高的个人魅力，得到员工的喜爱和接受。与此相反，当员工看到的是一个情绪并不稳定、故步自封的管理者，他们也就无法真正支持其做出的决定。

做到管理好自我的心态，人力资源管理者才能管理好自我，进而对整个团队和组织负责。这不仅仅需要人力资源管理者能够树立起正确的工作方向，还需要他们能够选择更好的管理目标作为提升重点。

● **培养心理层面上的全局观念**

人力资源管理的全局观念，表现在管理活动中，应该是局部对整体的服从。因此，人力资源管理者应该在其领导过程中，能够做到着眼于全局，并保证自身的心理关注层面能够更多立足现在、着眼未来，看到全局和长远，而不仅仅局限于部分利益。

● **培养良好的认知品质**

管理认知，是人力资源管理者对其管理工作的看法和理解。因此，良好的认知品质，是利用自我的心理管理去了解情况、掌握信息、获得正确决策的基础。为此，人力资源管理者应该能够重点培养自身的良好观察、记忆、想象和思维等心理品质。

**● 培养内心的魄力和胆识**

人力资源管理者面对工作中所出现的许多新问题，都必须要利用他们的知识和智慧去迅速把握时机做出应有抉择，而这需要的就是管理者能够当机立断运用的心理素质——魄力。因此，管理者应该经常通过管理自我来敏捷准确地发现问题，并进行积极的权衡，认准目标从而拥有充分的魄力和胆识去积极面对。

# Chapter4.

## 用心经营员工未来

### ——从心管理之人员规划

# 让规划成为一种好习惯

积极进行人力资源规划是管理者的好习惯。

人力资源规划，是指根据整体组织的战略目标，对组织在未来环境变化中的人力资源供给和需求进行科学的预测，从而制定出必要的人力资源策略。在这些策略下，才能够更好地获得、利用、保持和开发人力资源，从而让组织和团队得到更好发展。

不妨来看一家房地产公司的人力资源规划。

广州某房地产公司成立于2003年，从成立开始发展至今，公司的人力资源部门形成了良好的习惯，即在每年年初，人力资源部的人力资源管理者都要进行对整个公司的人力资源规划。这样的规划不仅包括公司总部，同时也包括各个分公司的人力资源规划。例如，这家公司在2007年初制定了人力资源规划，公司的部门职能如下：

1. 财务部：管理公司的财务。

2. 工程部：负责施工和现场管理。

3. 销售部：负责房屋的销售。

4. 材料部：负责原材料、设备上的采购。

5. 开发部：负责从征地到施工整个阶段的前期开发工作。

6. 客户服务部：主要提供房屋销售后为业主的相关服务，包括房屋保修期间的相关服务。

公司晋升规划：该公司人力资源管理者还有制定晋升规划的习惯，事实上，这种规划是他对整个组织晋升政策思考之后所体现出来的表达方式。在这些规划中，人力资源管理者主要用指标来表达，其中包括晋升为上一级职位的平均年限和比例。

培训开发规划：该企业人力资源管理者还经常进行培训开发规划。通过整理员工培训开发的计划，并将之和晋升规划、补充规划联系在一起，员工感到，培训时自身的目的性会更强，心理上对培训意义和价值的认可也得到了增强。

调整规划：因为该企业人力资源管理者已经养成定期对组织内部人员进行职位分配的习惯，因此，该企业的员工内部流动总是呈现出有计划的流动行为。而正是这样的有计划流动，提高了员工工作的积极性，也让他们能够总是具备较高的信心看待自己的职业生涯。

正是通过不同方面的规划习惯，这家企业才能常年如一日地保持人力资源充分利用、团队信心稳定、工作效率不断提高。

实际上，人力资源管理者应该养成良好的规划管理习惯，这是因为规划既是一种工作上的良好习惯，同时也是人力资源管理者在心态上养成的自我管理习惯。通过这样的规划，不仅员工和团队能够得到有效规划，同时，人力资源管理者的自我职业生涯也能得到良好规划。

简单来说，对于组织的人力资源规划，就是讨论“我们目前有什么”和“将来我们要什么”的行为。而不养成这样的习惯，则很难获取这些问题的答案。

**● 缺乏规划，管理工作难以体现组织的战略目标**

组织的战略目标是任何部门的工作目标形成的基础，是指导每个具体部门和员工工作的总方向。因此，进行精细的规划，才能体现出组织的战略意图，并得到充分的体现。反之，如果在人力资源管理工作上没有让规划形成习惯，没有让规划成为必要的工作日程，那么，组织的战略目标很难得到落实，也无从得到工作业绩的体现。

**● 缺乏规划，管理工作很难产生必要的层次**

人力资源管理工作需要体现出必要的层次，这些层次包括整体和局部的层次、长远和短期的层次、个体和团队的层次等等。当人力资源管理者没有清晰的规划时，他的管理工作很难体现出这样的层次性，并会导致管理思路模糊，也让团队的成长方向更加无法确定。

**● 缺乏规划，导致人力资源管理策略无从实现**

任何管理策略想要实现，都需要有具体的规划。这是因为管理工作的实现需要有不同的步骤，从而以正确的方法来体现出策略的意义，并产生应有的结果。一个缺乏规划的人力资源管理策略，将会在具体实施的过程中，难以体现出不同领域上不同方法的作用，也让具体实施者难以把握。

因此，人力资源管理者想要控制和引导好团队与组织的心理来实现管理的成功，有必要从不同角度去重新审视自己的人力资源管理工作是否已经获得清晰的规划。

**● 基础性的人力资源总体规划**

首先，管理者应该结合团队目前的发展情况，预测未来某个时间段内关于人力资源开发利用的整体目标、政策、实施步骤和总预算。通过这样的规划，可以稳定团队和组织对未来的期待，并能够把握具体的管理计划。

● **业务性人力资源行动规划**

这些规划包括人员的补充计划、使用计划、晋升计划、培训计划和薪资计划等等。通过这样的规划，整个团队会得到更多信心来进行具体的业务工作，组织中的士气也会得到良好提升。

● **战略性规划**

战略性规划指5年或者5年以上的人力资源规划，是根据整个组织的战略目标并对组织的内外环境进行有效分析，从而预测组织未来需要怎样的人力资源。对战略性人力资源的规划，能够为团队提供长远工作氛围和目标的描述和勾勒，从而表现出人力资源管理者的应有工作态度。

● **策略性的中期规划**

所谓中期规划，是指2至5年内的人力资源规划，是对组织所需的人力资源供需情况进行详细的预测。这样的预测将能够体现出人力资源管理者如何看待企业在中期上的发展，从而提示团队如何进行策略层面上的组织与配合。

● **业务性的短期规划**

短期规划是为了获得一系列业务成功而进行的规划，这样的规划通常在1至2年内加以实现。拥有这样的短期规划，团队将能够有更多切实可行的目标感去营造良好的配合，从而为短期目标实现而紧密团结。

## 预测人力资源需求供给

作为人力资源，需求和供给都可以被综合预测得出。

人力资源需求和供给，并非总是呈现固定的规律波动。因此，作为人力资源管理工作的重要部分，管理者需要对其需求和供给的特点做出准确的预测。

从需求方面来看，人力资源管理者需要对企业在未来的一段特定时间内所需要的人力资源数量、质量和结构，做出准确的估计；而从供给方面来看，人力资源管理者同样也应该对社会在未来的一段特定时间内能够提供出怎样的人力资源数量、质量和结构心中有数。只有将两者结合在一起，才能完整地进行人力资源需求和供给的准确预测。当然，这样的准确预测，还要考虑到企业目前的人力资源状况是否可能存在变动，而最后需求的确定，还应该对需求和供给的分别预测结果进行比较，才能够最终得出。

在预测过程中，需要人力资源管理者专注于时间、地点、经济、教育、社会等不同要素，同时也要关注不同员工的心理差异特点。

正如心理学家的研究所指出的那样，在人口出生高峰期出生的人，不管在其职业还是其管理生涯中，都会将更多身心投入到工作中。他们不仅会追求那些传统的刺激因素，比如金钱、职位、权力、安全，同时，也会对工作本身的意义加以追寻，喜欢那些有挑战性的工作。

然而，和他们相比，新一代进入职场的人，因为出生于人口出生低谷时期，因此，他们通常会表现出不同的工作去向，并对高峰期出生的那些管理者提出不同的挑战，而他们通过工作所想要获得的目的，也是之前人力资源供给中所未曾表现出来的。例如，这个时期供给的人力资源，同样想从事有趣、富于挑战性的工作，然而，他们并不打算将自己所有的才智和精力都提供给组织，他们同样看重休闲、理想的生活方式和自己的家庭。他们不喜欢加班，而喜欢接受新鲜事物，也更加看重生活的平衡，同时享受生活、学习技能或者个人发展之间的关系，等等。

正因为存在这样的不同，因此，当人力资源管理者分析人力资源供应情况并进行预测的时候，才有必要更多地考虑现有供应类型的特点。同时，采用更准确的观点来预测和评价企业对人力资源的需求。这是因为对新一代人力资源的需求，来自于管理者是否能准确找到激励和管理他们的方式。

当然，在对员工的供应和需求进行预测的过程中，分析他们的年龄、背景、教育程度、心理特点只是一方面，但更多情况下，人力资源管理者必须要从此出发，寻找更加准确的预测方法。而忽视预测方法的科学性，乃至忽视预测本身，也是为人力资源管理者在工作过程中最为严重的心理盲区之一。

**• 人力资源管理中可能出现的闭门造车情况**

不少人力资源管理者在制定人力资源规划方案或者计划之前，都喜欢埋头在电脑前，或者只是翻阅企业历年的报表资料作为参考。然而，这样制定出的规划必然会因为缺乏科学预测而收效甚微。实际上，人力资源规划不可能没有预测，而这种预测不应该是面对电脑构想出来的，甚至不应该是坐在办公室中设计出来的。

- **人力资源管理者对社会信息搜集不够**

实际上，人力资源的供给不仅仅是企业所面对和需要的信息，同样也是社会无数个人、家庭、政府和整个社会关注的信息。人力资源管理者应该根据这些各自需求者的心理需要，找到搜集社会信息的准确办法和途径，从而为自己进行下一步的预测做好基础，而并非如同某些管理者那样无视行业和市场，更谈不上对社会信息的重视。

- **缺乏必要的风险评估心态和能力**

预测人力资源的供给和需求，实际上也是对企业人力资源管理风险的评估。人力资源管理者如果没有足够的勇气和信心去面对预测过程中产生的风险，自然难以坚持对整个企业的人力资源进行全面预测。

想要避免这些情况的产生，人力资源管理者不妨学会从更加细致的方面入手，既要关注不同工作对象和服务对象的心理感受，也要把握社会信息带给他们的不同影响，同时，还应该重视整个企业在生产、服务等环节中体现出的人力资源需求，抓住高层管理者和不同部门的需求心理，从而拥有准确而全面的预测结果。

管理者可以通过下面的方法，并结合管理心理学知识进行人力资源预测：

- **主观预测法**

这是较为简单的直接预测方法。人力资源管理者凭借以往管理工作中的经验和直觉，对未来所需要的人力资源状况进行估计。而在实际操作过程中，人力资源管理者可以先请求不同业务部门的负责人根据其对部门工作量的分析预测情况上报需求，然后再加以汇总并提交给最高领导层，经过对心理需求、实际需求的充分比较、平衡之后，确定企业的最终需求。

不过，在运用这一方法时，人力资源管理者需要防止出现心理学上的“帕金森定律”，即不同部门的负责人在预测各自部门的人力资源需求时，通常都会不自觉地加以夸大。解决这种心理上的问题，通常都需要最高领导层的控制和改变。

- **德尔菲方法**

德尔菲方法是指：邀请几位在某个领域或者某个部门有较多经验的管理者进行集中预测，并提出预测结果进行集中讨论加以确定的方法。采用德尔菲预测方法，可以很好地避免少数管理人员由于心理上的误判或者错觉进行的错误预测，也可以保证预测更加具有代表性和全面性。

在实施德尔菲方法时，人力资源管理者需要设立一个专门的中间人或者协调人，在不同的专家之间进行有效的传递、反馈、归纳、平衡信息，避免由于沟通错误或者观点差异而产生的误解导致预测不准确。

- **人员替换方法**

采用这种方法，首先需要人力资源管理者对企业目前拥有的员工从心理到实际工作的状况做出准确评价，并对他们晋升或者调动的不同可能性做出有效判断。在这样的基础上，人力资源管理者可以进一步预测企业潜在所能够自我完成的人力资源供应，同时能够很好地预测企业所体现出的人力资源需求。

## 内外候选人的心理差异

同样是企业人力资源的候选人，但心理层面存在显著差异。

人力资源供给，是人力资源管理者需要面对的重要预测和分析环节。由于人力资源供给是以“人”作为中心而进行的。因此，管理者所需要做出的预测和分析也应该从“人”的本身加以进行。这就需要管理者不断去发现和了解不同候选者的差异。

显然，人力资源的供给过程中，具体候选人所体现出的最大差异，源于其具体来源的不同，因此，管理者对于供给过程的分析，应该从内外两个来源进行具体分析。

总体来看，相对于企业的内部供给，人力资源管理者对于外部的人力资源供给更难以控制。因此，他们在对内外候选人进行心理差异对比时，有必要侧重于对外部供给候选人心理的分析与研究。进行这样的分析和研究，应该对外部供应的影响因素做出积极深入的分析。

影响企业外部劳动力候选人心理的因素，主要包括如下几个：

首先是地域性因素，这些因素包括：企业所在地人力资源的现状、企业所在地对人力资源的吸引程度、企业薪酬福利对人力资源的吸引程度和企业本身对人力资源的吸引程度，等等。例如，同样是一家从事电器生产组装的企业，地处沿海地区还是内陆地区，对人力资源的心理感受具有不小的影响。

其次是社会就业意识和择业心理偏好的影响。例如，在一些发达城市内，不少劳动力即使失业，也不愿从事清洁工、保安、快递员之类的繁重、苦累的工作；而随着公务员考试热不断升温，应届大学生也普遍希望进入机关、企事业单位工作，只为寻求较为稳定的工作条件。

此外，企业本身的知名度、企业所在行业的公众形象和企业所能给予的薪酬，也会影响外部人力资源的择业选择。

当然，企业内部人力资源的候选者也有着他们的心理特点。在某些方面，这些候选者的心理特点可能表现得更加复杂和多元化。例如，他们可能根据受到的周围人际关系的影响来选择自己所希望去的部门、结合对不同部门或职位的长期印象来选择，或者根据组织内部对不同部门或职位的发展预测来加以选择。

总之，不论是企业的内部或者外部的人力资源候选者，人力资源管理者都既要承认他们在心理上的共同特点，也要看到他们各自不同的心理差异。这种差异应该结合其共同的环境、背景、发展经历来分析判断，还要结合每个人具体的不同因素来加以确认。如果人力资源管理者无视这样的心理差异，就很容易造成管理工作过于片面和单一。

- **加大人员供给预测的难度**

人力资源管理者如果不仔细观察人员供给中不同候选者的心理差异，就在无形中增加了对人员供给过程的预测和操作难度。由于这样的判断——适合于工作岗位的候选者只有能力的不同而没有心理上的差异，管理者在实际预测和接下来的招聘过程中很可能会失去判断与分析的标准。

**● 无法有效整合内部人力资源供给链**

如果人力资源管理者不能很好地分析内部候选者的心理状况，就会造成组织内部的人力资源供应链无法完成整合。管理者无从得知哪些人员更加适合和喜爱哪些岗位，同样也无法为那些急需人才的岗位选择更加适合的内部候选者。

**● 难以对人员流动的方向做出提前预测**

无论是内部候选者，还是外部候选者，在人力资源管理者进行引导和管理时，都会产生不同的流动方向。如果管理者不清楚这些候选者的心理差异，就无从了解他们下一步选择职业的方向，难以站到他们的角度去考虑和分析他们的工作目标，很难预测出总体的人员内外流动趋势。

内外候选者的心理差异，来自于候选者的个体差异。想要分析清楚他们的心理差异，人力资源管理者可以运用不同的方法进行比较：

**● 技能清单法**

心理学家认为，一个人的技能结构和特点，在相当程度上会影响他对自身、他人和环境的看法，既而影响他们的心理素质和特点。因此，人力资源管理者不妨为内外候选人分别建立起他们的技能清单，这样不仅可以反映和体现个体员工的竞争力，还可以用来帮助人力资源管理者看清他们各自的心理差异，进一步帮助预测人力资源的供给，做出人力资源的合理规划。

技能清单本身是一个可以反映员工工作能力特点的列表，其中包括培训背景、工作经历、资格证书、历任工作评价等等。有经验的人力资源管理者通过一份翔实的技能清单，就能够全面地认清一位候选者的心理特点。

**●“心理水池”模型**

在这种模型中，人力资源管理者可以将现有团队看作一个追求平衡状态的“心理水池”。之所以需要构建这样的水池，是为了预测企业内部和外部人力资源流动的方向，进而从职位和人员的适应度上进行全面的分析。

例如，通过对“心理水池”进行平衡的计算，人力资源管理者可以了解一段时间内，团队中具有某种性格特征或者情绪特点的员工数量究竟是上升或是下降，继而根据这种上升和下降的趋势，预测下一步人员流动的结果。

- **内部人力资源的有效核查**

管理者需要拥有良好的基础，进而判断和掌握内部人力资源在心理、情绪、认知、期待等多方面的表现，从而寻找这些表现和现有职位需求之间的矛盾。因此，人力资源管理者应该利用机会，对现有内部工作人员进行心理调查，掌握可以提供给组织调用的人力资源信息，并根据他们在心理测试中表现出的心理潜能，结合外部员工在供给中表现出来的心理状况，评价不同种类的员工供给。

## 工作分析透视心理素质

心理素质分析是重要的工作分析内容。

无论是在一个新成立的组织中，还是因为组织内外环境的变化而需要设立新的工作岗位，又或是因为新技术、新目标的出现，而使得工作性质发生了变化，人力资源管理者都需要及时地进行有关职位的分析工作，从而进行规范化的说明和阐述。实际上，分析工作是人力资源管理成功的基础，人力资源管理者只有进行细致的分析工作，才能更加熟悉和了解员工和职位的关系。

分析工作的重要性自不待言，但如何选择分析方法，则需要人力资源管理者能够慎重地对待。采取错误的分析方法，不仅无法看清基本的职位工作内容和要求，更无法看清希望担任工作岗位的员工是否具备了能够完成工作的基本心理素质。

某企业的人力资源管理者喜欢用访谈的方法，了解员工是否清楚自己工作的意义，并将通过这种方法测评得出的结果作为他对工作分析的重要凭据。然而，他最喜欢的问题却是："请你谈谈这份工作对于公司的价值。"

不少员工或者候选人，对这样的问题都手足无措，他们不知道应该怎样回答，于是许多人都想到了要回答"价值很大"。但价值究竟有多大，许多人都无法说清楚，更多的人给出的回答是"我的工作能够为公司提供利润机会"、"我的工作是企业运转不可缺少的环节"等等。更多的人在回答问题时，心中都会觉得自己给出的答案不是十分完美。

然而，尽管诸多员工在谈话中对这样宏观的问题都难以作答，但该企业的人力资源管理者还是喜欢用这种方法进行工作分析。于是，不管是企业内部甄选还是外部招聘，备选对象只能要么是大说空话，要么是无奈地"自谦"。

实际上，想要分析出一个工作岗位到底会有怎样的工作内容、流程、意义和性质，对这个工作岗位上的员工应该给以怎样的素质和技能要求，人力资源管理者应该采取不同的方法去了解各种相关信息。在这样的了解中，和员工面谈的确是了解他们心理素质的有效方式，但并不能完全依靠面谈，更不能在面谈的过程中忽视技巧和方法。否则，工作分析不仅无法起到应有作用，也不能准确地透视岗位对现有员工的心理素质要求和心理素质准备。

- **遭遇员工的心理拒绝**

在工作中，由于缺乏必要的准备，如目的性、方法性等，很容易遭到员工的心理拒绝。这是由于员工对分析工作存在一定的恐惧心理，他们担心分析工作会使其原本熟悉的工作环境带来变化，或者对其自身利益造成损失。因此，他们很容易表现出对人力资源管理者的冷淡和抵触。比如，当人力资源管理者在进行问卷调查、访谈、对资料的收集时，员工会很明显地表现出冷淡、讽刺或者不予配合等心理表现。此外，员工也有可能用提供错误资料信息的方式来表现出对分析工作的不合作。

- **人力资源管理者不参与工作分析**

由于没有意识到工作分析具有可以透视出员工心理的重要作用，因此，不少人力资源管理者并没有真正参与到工作分析中。这就使得工作分析的意义和价值大打折扣。实际上，心理学研究表明，管理者参与一项工作的实践，能够增强整个团队对这项工作的认识、增强参与者的责任感，带动工作对象的配合。因此，这种忽视工作分析意义的态度，显然不利于工作分析的开展和进行。

- **忽视心理素质分析，使工作分析方法过于单一片面**

工作分析的方法种类很多，但应该注意的是，每种方法都存在优点和不足。如果人力资源管理者没有意识到工作分析对于心理素质分析的意义，就会因为目的不清而无法选择正确的方案。这样，人力资源管理者就无法获取准确的数据，无法确定工作分析的最终目标并加以实现。

另外，由于缺少对工作对象心理素质的深层观察和评价，因此，工作分析往往是认真地开始而草率地结束。看似热闹的工作分析过程在结束之后，却让相关部门的管理者和员工都毫无头绪，他们并不清楚人力资源部门进行这样的工作对他们的业务工作有什么具体相应的指导、调控和引导。实际上，一切问题都源于于工作分析没有对准员工的心理素质进行。

想要让工作分析更富于价值，能够更多地产生作用于心理层面的效应，人力资源管理者应该尝试下面这些方法：

- **在工作分析之前开展充分沟通**

想要成功地在工作分析中得到员工心理素质的分析结果，首先，人力资源管理者要帮助员工克服他们对工作分析的排斥和避让心理，从而获得真实的心理信息。因此，人力资源管理者应该尽可能让员工们参与到工作分析的过程中来。例如，在工作分析开始之前，向员工们说明这项工作的内容，例如，为什么要进行工作分析、工作分析小组的成员、工作分析不会产生的负面影响以及员工提供的信息对工作分析的价值和意义等。当然，人力资源管理者还可以向员工做出承诺，保证企业并不会仅仅因为工作分析结果而改变员工的工作现状。这样，员工获得了基本的心理安全，才会更好地配合工作分析，并得到良好的分析结果。

- **选择合适的工作分析方法**

工作分析方法的确有很多种，但人力资源管理者在进行具体工作分析时，应该结合对员工心理素质的基本了解和初步确定来加以选择。

例如，面谈法容易控制，通过阅读员工的直接表现可以了解他们的想法和行动，从而获得更多直观的心理信息。但是，员工的心理活动有可能影响分析的结果。

问卷法效率较高、节省时间，但是，问卷法有时得到的心理素质特点并不真实直接，也需要更多的说明。

因此，人力资源管理者需要结合各方面因素来选择方法，包括工作分析的不同目的以及这些目的对员工心理素质了解的程序需求、工作分析对象的具体岗位特点是否和心理素质有更多关系等。人力资源管理者还可以将不同方法结合使用，从而保证得到最佳效果。

- **结合实际工作应用工作分析结果，并进行及时修正**

工作分析最忌讳的不是分析结果不全面，而是无法应用。因此，人力资源管理者一定要能够将工作分析的结果真正应用于工作中。例如，通过工作分析，掌握员工个体和团队的心理素质特点，继而改变人力资源的结构和使用方法，进行相应的变革活动，定期或者不定期地按照岗位说明书来对员工的心理进行影响，将发现的问题及时解决。这样，工作分析才能保证持续地观察到员工的心理素质，并适应组织变化。

## 5D 性格应与岗位匹配

让性格和岗位一一对应，打造更好的团队。

近年来，企业招聘的总体需求不断扩大，这意味着人力资源管理者招聘工作量的增加，同时，也说明对人才甄选的需求变得更高。人力资源管理者在对员工进行挑选时，不仅仅要关注他们在学历、工作经验或者资历职称等方面的硬件条件，对于他们在性格上是否符合工作岗位的“软条件”也同样需要加以重视。随着中国的人力资源市场需求量不断增加，企业内部对人力资源的管理也日渐完善，在人才选拔的过程中，应该更加重视个人性格和职位之间的相互匹配，并给以更多的关注。

北京某大型国有日用消费品企业，由于各种主客观原因，其销售人员的业绩始终难以出现较大的提升，甚至出现了业绩指标无法完成的情况。

该企业管理层尝试过不同方法，如对企业的销售队伍进行各种集体专业技能培训，建立和业绩直接挂钩的奖金结构等，然而，收到的成效并不明显。

最终，这家企业通过多种渠道找到了我，通过我研究和开发的“5D员工岗位匹配度测试问卷”，对全体销售人员进行个性测试，结果发现：该企业中近68%的员工，主体性格为“土”型性格即稳定型的性格。他们自身的性格特点是具备了较强的协调能力，为人正直、亲切、友善，但是他们的影响力、吸引力和魅力却远远不够。因此，在我的建议下，这家企业进行了对销售队伍的大规模员工调整，同时，该企业的人力资源管理者开始从员工招募的环节就执行“5D性格分析”。一年后，这家企业销售团队中将近60%的销售人员性格体现出了“金”型（外向理性）特点，因此，其总体销售业绩提升了25%。

在企业中，员工的个人性格，往往对他们的工作态度、工作方式和工作结果有很大程度的影响。同时，员工为人处世的风格，也会影响到整个组织中的人际关系，包括团队内部的协作性、上下级之间的协调程度等。

因此，人力资源管理者在进行人员和岗位之间匹配度的测试过程中，除了员工的知识、技能和经验之外，还应该对他们的性格予以充分的重视。如果忽视这样的关联，就很容易将员工放在不适合的岗位上，造成企业内部人员配置的合理程度降低，带来企业内人员流动率的上升。

**● 结合性格优势，能让员工更好地融入岗位**

在人力资源管理过程中，需要根据员工的能力特长与他们的性格特点相结合选择工作岗位。如此，员工才能够更好地融入工作岗位，更快地将自身特点和工作目标加以结合。实际上，人力资源管理者提供给他们的是一个全新的思路，即如何将工作过程作为展现自身性格魅力和特点的过程。在这样的思路下，员工的工作积极性会得到更好的提升。

**● 性格互补能让团队更为默契和谐**

当人力资源管理考虑到性格互补的因素时，无论企业内部团队是大是小，都会尽可能按照“5D 性格分析”中的互补原则来建构。这样，团队内部成员相互之间的理解和沟通能够得到更加有效的深化，也就能够在推动整个团队业绩进步中做出更多贡献。

**● 分析性格和岗位匹配度将影响组织氛围和企业文化**

个性特征不仅会影响到员工和岗位之间的相互适应程度，还会更多地影响到整个组织的工作氛围和企业文化。因此，人力资源管理者在人员招聘和选拔的过程中，采取正确的性格分类方法（“5D”性格分类法）是很有必要的。采取这样的分析方法，应该重点分析和判断个体性格特征是否能和企业文化和组织氛围产生积极的匹配。

例如，管理者如果判断得出整个企业文化是灵活创新的，那么，他们应该意识到这样的企业文化下工作岗位将需要更多的富有活力、富于创造性的员工性格，需要那些富于勇气、敢于冒险、能够不断革新和实践的员工性格。这样，人力资源管理者能够更好地从革新特征和企业文化两方面来关注备选者的性格特征。

由于性格本身属于较为复杂的心理层面，只有正确地采用了“5D 性格分析”法，才能得到良好而清晰的认知和判断结果，更好地了解员工的性格特点。人力资源管理者可以通过以下步骤去使用“5D 性格分析”测试来观察备选者。

- **正向描述法**

在这种方法中，管理者可以引导备选者说出自己性格中某些特点，并观察他们对这些特点抱有的确定程度。这些确定程度将直接表现出他们是否为五行性格中的某一种。

例如，备选者说出“我相信我有能力接受挑战”这样的性格特点后，如果他表现得越是坚持肯定，那么，他是“金”（外倾理性型）类型性格的可能性就越大。而备选者说出“我喜欢凭感觉做事”这样的性格特点后，他表现得越是确定无疑，也就越说明他是“火”（外倾感性型）类型性格。

- **反向描述法**

同正面描述法恰好相反，管理者可以通过引导备选者指出自身性格中并不存在的特点，观察他们对这些特点否认的程度，其否认和回避的程度可以从反面表现出他们更接近五行性格中的某一类。

例如，备选者如果在听到“是否希望在多个部门都工作过”的性格特点后，表现出较为否定的态度，那么，他就很可能是“木”（内倾感性型）类型性格。而备选者在面对“别人对我的看法是我的工作动力”的心理感受时，如果表现出较为明显的否定感时，那么，他的性格很可能是“水”类型（内倾理性型）性格。

- **将“5D 性格测试”结果和岗位对应**

任何一个组织中，都需要不同性格的员工来支撑岗位工作。因此，人力资源管理者不能盲目认定 5D 性格各类型中孰优孰劣，而是应该结合具体的工作岗位来加以对待和选择。

通常来说，“火”类型性格由于其感性和外倾，适合担任客户服务、客户接待、公共关系、内部协调等工作职位；“金”类型性格由于其理性和外倾，适合担任销售、技术支持等主要和客户或合作伙伴打交道的工作；“水”类型性格由于其内倾和理性，适合担任财务、开发等需要严谨仔细的工作习惯的岗位；而“木”类型性格由于其内倾和感性的特点，可以考虑担任辅助类工作，他们是非常好的支持者。结合上述四种性格类型加以中和的“土”类型性格，则可以考虑培养出适合团队发展的领导角色。

根据各自的性格特征和行业特色、工作特点，将各类型性格的推荐工作类型归纳入下表：

| 火 | 金 | 木 | 水 | 土 |
|---|---|---|---|---|
| 经营管理类<br>公关 / 市场营销类<br>行政 / 人力资源管理类<br>贸易 / 销售 / 业务类<br>设计类<br>酒店 / 餐饮类<br>商场类<br>文化 / 体育 / 艺术类<br>新闻 / 出版 / 传媒类<br>房地产销售类 | 经营管理类<br>金融 / 经济类<br>法律类<br>咨询 / 顾问类<br>机械类<br>规划 / 建筑 / 建材类<br>化工 / 生物类<br>教育类<br>电器 / 电力类 | 文职类<br>物业管理类<br>公众服务类<br>印刷 / 染织类<br>造纸类<br>家具制造类 | 工厂类<br>计算机 / 互联网类<br>机械类<br>规划 / 建筑 / 建材类<br>化工 / 生物类<br>教育类<br>电器 / 电力类<br>技工类<br>房地产开发类<br>地质 / 矿产类 | 财务类<br>客户服务类<br>金融 / 经济类<br>物流 / 交通运输类<br>医疗卫生 / 护理 / 保健类<br>公众服务类<br>环境保护 / 监测 / 治理类<br>食品类 |

# 从心设计职业生涯规划

职业规划本身是一种心理规划。

“职业生涯”这个词在职场中已经出现得相当频繁，甚至很难引发全新的思考，更没有任何新鲜感可言。但实际上，目前我们对于职业生涯的真正关注却远远不够。

所谓职业生涯，指的是某个个体终生经历的所有职业所形成的整个历程。心理学家和管理学家们曾经对之进行过全面总结，职业生涯可以看作一种职业乃至一个行业、一个组织的有结构的属性，也可以看成某个个体在组织内部升迁的一种路径。但无论是其中哪一种观点，都表现出职业生涯的共同特性，即它是一种稳定、长期而可预测的、由组织驱动的规划和行动。正因为如此,职业生涯才会具有客观稳定性,同时也具备主观可变性。

但实际上，作为人力资源管理者，更多地还是应该关注员工职业生涯中的主观可变性。这是因为既然可以将职业生涯可以看作员工的一种经历，那么，这样的经历也必然包括员工所作出的一系列和职业相关的行为活动以及这些活动背后的主观知觉变化。这是因为员工的个人工作态度、个人需要、个人价值观和个人期望等，也会充分影响他们的职业生涯，而只有将这些因素结合起来，人力资源管理者才能充分理解每个人的职业生涯，并根据他们的特点做出总体规划。

心理学家曾经总结出，组织内部的个体在面对职业生涯成功的方向抉择时，其心理上通常会出现下面五种类型的取向。

第一，进取型。在这种心理下，员工很希望通过个人努力，占据团队、部门或者企业中的最高地位。那些或许看起来比较低调普通，但实际上内心充满职业期待的员工，通常都属于这种类型。

第二，安全型。这样的员工同样希望被认可和尊重。但是，他们并不像上面那种类型的员工那样期待成功，而是希望自己在工作上保持充分的安全感，并能够成为特定人际网络中的圈内人士。不少成功的技术人员或者中层管理者，在其职业生涯中表现出的都是这种心理特点。

第三，自由型。这种心理追求的员工，希望在工作过程中能够得到最大的控制而不是被控制。因此，这样的员工在职业规划中，常常不自觉地希望获得更多的控制权力。在这样的心理驱动下，这些员工的职业经历要么是成为企业的高层管理者，要么会成为较为独立的分公司负责者，要么会成为自由职业者。

第四，攀登型。具有这种心理特点的员工，通常希望在工作中能够得到充分的刺激、挑战和冒险，甚至会捕捉一些“擦边球”的机会。因此，这样的员工去担任创新意识为主的工作，如新产品开发、推广，新市场推销等，会表现得相当积极主动。

第五，平衡型。这种类型的员工希望在个人生活和工作、职场和家庭、组织贡献和自我发展之间进行有意义的平衡，从而让生活变得充实而丰富。因此，这样的员工或许在工作岗位上不会表现多么优秀，也不会有太大的工作野心，更有可能并不具备明确清晰的职业期待和个人规划。

实际上，除了上述类型外，人力资源管理者还可以对员工从心理上做出更多划分，进行职业生涯的划分和规划。人力资源管理者有必要考虑组织的需要去为员工进行职业规划，但更需要站在员工的角度，考虑其个人心理感受，实际上也就是从他的家庭、社会背景和工作期待、工作情绪等方面进行职业规划。这是因为，如果脱离了员工本身的心理素质和需求，人力资源管理者做出的职业规划就很可能只看到组织需求而没有看到员工个体需要，这样的职业规划很难真正被员工接受而得到切实的履行。这样的事实将会导致职业规划对员工个体难以起到作用，更不会对企业产生作用。

综上所述，职业规划归根到底并不是仅仅从岗位或工作的角度出发的，而应该从“心”进行。

**● 了解员工心理特点，职业规划方可起步**

职业规划是基于员工本身特点的，而并非仅仅根据企业的“需要”。因此，人力资源管理者只有充分了解员工心理特点，才能脚踏实地为他们规划出各自不同的职业生涯，做到稳定而可行地体现出不同员工的个性特点，让员工的职业生涯能够顺利起步并得到发展。

**● 懂得员工的心理追求，才能进行有效引导**

在人力资源管理者能够深入员工的职业心理后，就能对他们自身的追求和规划进行有效的引导。职业规划实际上是对整个人的规划，而这样的规划如果不能明确对方在心理上的需要，就很难做到有的放矢。

**● 获取员工的真实看法，才能对职业规划加以影响**

人力资源管理者只有在真正了解员工的真实看法后，才能明白他们内心对职业的看法。从中管理者才能发现员工对职业看法的正确内容和错误内容。对于其中的正确看法，应该积极加以利用，保证发挥正面效应；而对于其中的错误看法，则应该利用职业规划加以有效影响，抑制其负面影响，最终加以改变。

具体来说，人力资源管理者可以通过下面的方法来做到从“心”进行职业规划。

**● 帮助员工看清其自我角色**

利用心理咨询方法，人力资源管理者可以先帮助员工看清楚自己的角色。首先，管理者可以引导员工去观察他们自己的个性和性情。举例来说，有的员工更加外向适合沟通和交流，而有的员工则喜欢行政管理工作，还有的员工倾向于技术工作。这实际上就在于他们的性格差异。而管理者需要帮助员工看清他们的自我角色，然后选择适合自身性格的方向来进行职业规划。

**● 通过心理介入来确定动机**

人力资源管理者如果不能介入员工的心理，就无法真正影响到员工的职业选择和规划动机。管理者可以通过说服影响、心态建设等方法，介入员工的心理，拥有开放、健康而年轻的心态，拥有正确的职业动机。这样，才能期待员工的个人职业规划和选择能够和企业的发展方向相互协调，产生共同利益。

**● 及时反馈职业信息影响员工认识**

通过积极向员工提供实际的信息，帮助员工认识成功的职业生涯发展规划因素，才能让员工加强对职业规划的充分认识，并改变心理上的偏见。例如，管理者可以向员工积极提供关于工作技能的评估结果，介绍升迁机会、职业发展前景或者变换岗位机会等，以此来积极影响员工对工作的认识，产生有益的规划设想。

# Chapter5.

## 招兵买马攻心为上

## ——从心管理之招募人员

# 招聘广告打动求职者心

让招聘广告成为企业的形象大使。

人员招聘，是人力资源管理工作的首要环节，也是成功管理的重要基础。对于一个企业和组织来说，是否能够根据现实和发展的需要，找到一定数量的合格人才，将决定这个组织下一步人力资源发展的整体质量，并会深远影响到组织发展战略目标的视线进程。从大量人力资源实际管理案例来看，员工的工作业绩，不仅仅和他们的学历、工作技能等外部因素有关，也和他们在工作中表现出来的个性、动机、意识、价值观息息相关。因此，这必然要求人力资源管理部门在招聘活动中更多关注应聘者的内在心理特征，同时还要能够利用正确的方法去打动和影响他们的心理。在这个过程中，招聘广告成了一个重要的环节。

招聘广告之所以重要，是因为企业的外部求职者必须要通过广告的诉求内容去了解企业，进而了解企业用人需求。同时，招聘广告又不仅仅传递如此简单的信息，对于求职者心理来说，招聘广告可以起到暗示、引导的作用，引起他们情绪的变化、注意力的集中，从而带来他们应有的期待和愿望。只有能够对求职者带来如此影响的招聘广告，才能为企业的招聘带来良好效果。

目前，人力资源招聘市场上的广告已经显得过于单一化，千篇一律的需求和薪酬犹如报告一般简单、明确，虽然介绍清楚，但并不容易在第一时间引起求职者的关注和兴趣。在保证信息内容清楚的前提下，企业发布的招聘广告在内容和形式上，有必要向美国历史上的征兵广告学习。

第一次世界大战中，美国陆军发布的一则征兵海报，用鲜红的字体写出“陆军招聘男性人员”，而配图则是战场上军官和正在利用无线电通信的士兵进行交流的场面，远处山顶上则是信号旗。这样的字体和内容，很好地暗示了招聘方是拥有着先进技术、和谐上下级关系等特点的组织。同样是在第一次世界大战期间，1918 年美国海军陆战队采用了一款主题人物为女性的征兵画报，画报上，一位矫健的女性穿着海军制服，而身旁的标题是：“我希望我是男人，那我将进入海军。”无疑，这样的广告深刻地刺激了潜在的男性求职对象，激发了他们的荣誉感和进取心，即使他们并没有马上下定决心去报名参加招募，也会留下比较深刻的印象。而另一则招募空军士兵广告，画面中是两位年轻的士兵站在飞机前，下方用硕大的字体写明“学到、赚到”，而比字体更大的则是空军的标识，这意味着参加空军能够得到的收益是技术、知识和不菲的津贴。

除了海报之外，美国军队在不同时代的征兵广告还采用不同的广告主题语来表达当时招募的特点，更加符合社会大环境的变化，也符合招聘对象的心理特点。例如，越战时期一款征兵广告的主题语是“你的未来，由你做主”，既符合当时追求个性独立、自我解放的时代精神，也凸显了部队更加鼓励志愿入伍的招聘需要。而 1967 年，美国海军陆战队的征兵广告则直截了当地抓住了冒险型性格类型的潜在人群，宣称“打造真男人”，从而表现出海军陆战队那种崇尚阳刚之气的组织文化。70 年代早期，美国海军为了吸引更多的非洲裔美国人加入军队，提出了“我们能让你尽可能地进步”，以迎合这些外来人群试图提高自己在美国社会中地位的内心期望。

当然，美国部队的招聘广告还侧重于对组织特点和文化加以介绍，以便给求职者留下不断更新的印象，以防止产生形象的过度定型和死板。比如，由于海军陆战队的规模在美国四大军事力量中最小，因此，他们在70年代选择的招聘口号是“要质量，不要数量”。而2011年的空军征兵海报上，出现的是一位传统士兵身穿高科技防弹背心、手拿现代化的自动步枪的形象，加上简单的广告语“这不是科幻电影”，能够迅速凸显空军的新形象。

作为世界上最强大的军事力量，美军的招聘广告依然需要抓住潜在人群的心理。实际上，任何组织和企业在招聘时，都需要关注求职者的角色定位和自我期待，从而针对这样的内心活动做出应对，选择最适合自己和求职者的广告发布方式和内容。这就要求人力资源管理者不仅能够懂得企业中领导的心理感受，还应该学会及时换位思考，站在求职者的角度来观察广告内容、明确广告定位，使招聘广告发挥更多作用。

从目前的企业招聘广告上来看，人力资源管理者应该注重以下几个方面来评价、看待和使用心理学方法，进一步提高招聘广告对于求职者的心理影响。

- **让招聘广告符合对方的心理预期，而不是破坏求职者心理预期**

任何求职者在考虑求职之前都会有一定的心理预期，这种心理预期表现为他们期望看见怎样的求职广告,更反映出他们希望进入怎样的组织中。一些人力资源管理者缺乏必要的心理学知识，他们并没有考虑到求职者会抱有怎样的心理预期，也没有考虑到这样的预期是否影响求职者未来的工作动力，而是盲目地用比较僵死刻板的语言来对招聘广告进行表达，这样很容易打击求职者的积极性，致使无法寻求更多的更为适合企业发展的人力资源。

● **招聘广告应传递基本的企业文化**

除了职位、人数、薪酬、岗位要求等基本信息之外，人力资源管理者经常会忽视在广告中传递基本的企业文化。这样，求职者会无法了解企业的基本情况，对企业历史、企业品牌、企业愿景目标、企业员工群体特点等没有具体的形象感。可以想象，这将导致求职者缺乏基本的安全感，进而不愿意去深入了解职位，企业也将因此错失合适的人才。

● **通过心理学方法，用广告引起求职者的兴趣**

人力资源管理者应该意识到，招聘过程本身也是一种营销手段，即对企业品牌的推广和对人力资源的吸引。因此，不妨将招聘广告设计得更加具有吸引力，例如采取悬念、利用幽默、加强对比等方法引起求职者的心理关注和充分的兴趣，从而确保招聘中营销的理念得以实现。

为此，在设计和制作招聘广告中，人力资源管理者可以考虑从以下几个方面增强招聘广告对求职者的心理吸引：

● **结合求职者的个性特点**

人力资源管理者应该研究招聘岗位对求职者的个性要求，然后在这些特点上进行着力铺垫和宣传。例如,考虑到财务岗位要求求职者个性谨慎、专注等，那么，招聘广告上可以将这些个性特点列示在具体要求之前。这样,求职者对同自身个性特点相近的性格要求总是能够第一时间予以关注，也就无形中提高了招聘广告的效果。

● **用招聘广告引起求职者对企业的兴趣**

一则成功的招聘广告常常和好的营销广告一样，能够极大地引起受众的兴趣。因此，在招聘广告中，人力资源管理者可以考虑用下面的方法引起求职者的兴趣。

（1）强调待遇。例如，管理者用范围年薪的方式在招聘条件中予以表达，“年薪3万至10万元”，而求职者的关注力很容易被最高的数字所吸引，继而产生“该企业待遇高”的心理感受，产生求职的兴趣。

（2）强调职位的实际发展。例如，承诺“本企业将提供广阔的发展空间”这样的广告语，很难引起求职者明显的心理共鸣，因为这样的承诺过于空泛，如果人力资源管理者可以将更加实际的发展方向和内容，如入职培训、职业化培训、管理者培训、在职教育、职业辅导列举出来，会让求职者感觉更加实际，并对企业给予更多关注。

（3）强调企业需求。在不违反法律和职业道德前提下，人力资源管理者完全可以在发布招聘广告时将招聘人数需求扩大。这样，一方面可以招聘人才；另一方面，也可以在心理上吸引那些顶尖人才，让他们感觉到这家企业在不断地招募新的人才，具备充分的上升潜力和人才需求。

**● 选择正确的招聘广告发布渠道**

即使是同样内容的招聘广告，选择不同的发布渠道，也会产生不同的心理效果。因此，人力资源管理者应该挑选那些符合不同岗位、不同特点的求职者心理需求的渠道来发布广告。

例如，选择网络发布广告，会让求职者感到这家公司具备一定的求新意识，有着较为活跃的企业文化理念；选择人才招聘会发布广告，则会让求职者感到这家公司较为传统、稳定而正规；选择人才服务或猎头机构发布广告，则让对方在第一时间内就能感受到公司招募人才的诚意和决心。

# 从申请表检视心理问题

职位申请表是对求职者甄选的第一关。

无论求职者数量如何、态度多么诚恳、能力多么优秀，人力资源管理者都要明白，只能从他们中挑选出必要数量的个体进入组织。因此，管理者需要进行充分的甄选过程，将其中不合格者从应聘者的序列中去除，而将可以考虑的求职者作为考察对象予以保留。

在这样的甄选过程中，笔试、面试都是不可或缺的选拔方式。除此之外，职位申请表也是对求职者心理予以检视甚至是决定甄选结果的重要方式之一。下面是一份普通的职位申请表。

**职位申请登记表**

欢迎您来　　　　公司应聘！请您认真填写本表的每一项内容。

你是否应聘过　　　　公司其他职位：◇公司 / 部门：____职位：

◇：首次应聘

| | | | | | | | | | | |
|---|---|---|---|---|---|---|---|---|---|---|
| 姓名 | | 性别 | | 出生日期 | | 身份证号码 | | | | |
| 籍贯 | | 民族 | | 身高 | | 婚姻状况 | | ◇未婚◇已婚◇已育 | 血型 | |
| 英语水平 | 听 | | 说 | | 读 | | 写 | | 第二外语 | |
| 户口所在地 | | 工作年限 | | | 应聘职位 | | 第一：实施顾问　第二： | | | |
| 期望月薪 | | 期望年薪 | | | 希望工作地点 | | | 预计入职时间 | | |
| 联络电话 | | | 单位 | | 手机 | | | E-mail | | |

**续表**

| | | | | | | |
|---|---|---|---|---|---|---|
| 紧急联系人 | | 单位 | | 联系方式 | | |
| 家庭主要成员 | 称谓 | 姓名 | 工作单位 | 职务 | 联系方式 | |
| | | | | | | |
| | | | | | | |
| | | | | | | |
| 学习经历（包括高中） | 毕业院校 | 专业 | 学历 | 学位 | 起止时间 | 教育形式 |
| | | | 高中 | ◇学士◇硕士◇博士<br>◇无学位◇双__学位 | | ◇全日制◇自考<br>◇函授◇其他__ |
| | | | 本科 | ◇学士◇硕士◇博士<br>◇无学位◇双__学位 | | ◇全日制◇自考<br>◇函授◇其他__ |
| | | | 本科 | ◇学士◇硕士◇博士<br>◇无学位◇双__学位 | | ◇全日制◇自考<br>◇函授◇其他__ |
| 最高学历证书编号 | | | 学位证编号 | | | |
| 工作经历简介 | 起止时间 | 工作单位 | 担任职位 | 工作方向 | 月薪 | |
| | | | | | | |
| | | | | | | |
| | | | | | | |
| 专业技能及接受过的培训： | | | | | | |
| 自我评价（知识、技能、经验、成果、特长及业余爱好）： | | | | | | |
| 您希望本公司为你提供什么？ | | | | 您能为公司带来什么？ | | |
| 请填写最近三家供职单位信息 | | | | | | |
| 工作 | 单位一 | 起止时间 | 单位名称 | | 单位性质 | 单位人数 |
| 工作 | 单位一 | 任职部门 | 担任职务 | | 离职原因 | |
| 工作 | 单位一 | 网站 | 所在行业 | | 下属人数 | |
| 工作 | 单位一 | 公司总机 | 月基本工资 | | 年薪 | |
| 工作 | 单位一 | 直接上司姓名 | 担任职务 | | 联系电话 | |
| 工作 | 单位一 | 本人主要工作内容： | | | | |
| 工作 | 单位一 | 主要工作业绩及获得荣誉： | | | | |
| 工作 | 单位二 | 起止时间 | 单位名称 | | 单位性质 | 单位人数 |
| 工作 | 单位二 | 任职部门 | 担任职务 | | 离职原因 | |
| 工作 | 单位二 | 网站 | 所在行业 | | 下属人数 | |
| 工作 | 单位二 | 公司总机 | 月基本工资 | | 年 薪 | |
| 工作 | 单位二 | 直接上司姓名 | 担任职务 | | 联系电话 | |
| 工作 | 单位二 | 本人主要工作内容： | | | | |
| 工作 | 单位二 | 主要工作业绩及获得荣誉： | | | | |
| 工作 | 单位三 | 起止时间 | 单位名称 | | 单位性质 | 单位人数 |
| 工作 | 单位三 | 任职部门 | 担任职务 | | 离职原因 | |
| 工作 | 单位三 | 网 站 | 所在行业 | | 下属人数 | |
| 工作 | 单位三 | 公司总机 | 月基本工资 | | 年 薪 | |
| 工作 | 单位三 | 直接上司姓名 | 担任职务 | | 联系电话 | |
| 工作 | 单位三 | 本人主要工作内容： | | | | |
| 工作 | 单位三 | 主要工作业绩及获得荣誉： | | | | |
| 您的人生信条和座右铭 | | | | | | |

续表

| | | | |
|---|---|---|---|
| 招聘信息来源 | 现场：____网站：◇ Cjo1 ◇ 51job ◇ chinahr ◇ jobcn ◇：____<br>猎头公司：____内部推荐：____其他渠道：____报纸：____ | | |
| 是否有亲属在 公司工作 | ◇有◇没有 | 如有，请列姓名、关系与部门 | |

**承诺书**

1. 我保证表格所填写的每一项内容真实。

2. 如果我被贵公司录用，我愿意接受贵公司的培训和试用期，如达不到贵公司要求，不予录用我为公司正式员工。

3. 如果我被贵公司录用，我保证到贵公司报到前，已与原工作单位解除劳动合同等关系，并不将原工作单位的任何商业（军事等）秘密带到贵公司。如与原工作单位因原劳动合同或商业（军事等）秘密问题出现法律纠纷，我愿意自己承担一切责任。

应聘者签名：__________

__年__月__日

这样的一份职位申请登记表，看起来千篇一律，好像只能反映出求职者的基本信息。但实际上，如果人力资源管理者具有丰富的管理知识和经验，依然能从求职者对表格的填写内容中发现对方的心理情况，并很可能发现其是否具备足够的心理素质来应对相应的工作，观察出求职者在性格上的缺点有可能对工作产生怎样的影响。

实际上，职位申请登记表和员工的推荐信、简历或者求职信一样，是可以通向员工内心的一扇窗。人力资源管理者不应放过这个在会面之前就能够观察到对方心理的机会。

### ● 通过职位申请书来确定初步甄选范围

即使是公司发出面试邀请的人员，也不可能全部被成功招聘，而这就需要人力资源管理者能事先通过必要方法来确定初步的甄选范围。而在不产生错误的固有印象的基础上，管理者不妨借助职位申请登记表来加以确定。否则，很有可能因为缺乏基本判断，而在面试过程中无从加以选择决定，最终陷入两难境地。

● **职位申请登记表是折射员工心理的镜子**

员工在填写职位申请登记表时，因为是独自面对自己的教育和工作经历、求职需求等等，因此一般来说体现出的诚信度较高。同时，因为在填写职位申请时更为专注谨慎，反映出来的心理特征也可能比普通心理测试更加直接明了。因此，人力资源管理者不应放过检视职位申请登记表从而检视员工心理情况的机会，不仅要通过其内容阅读来了解员工，更要通过其特征分析来观察员工的心理。

● **职位申请登记表能够用来比较不同求职者的心态**

招聘必然存在比较，通过职位申请登记表，人力资源管理者不仅能够比较求职者的能力、背景、薪资要求、职业发展轨迹，同时，也能将职位申请书所体现出的求职者的不同心态进行具体比较。通过这样的比较，人力资源管理者可以更加直接地将求职者的心理情况作为参照而加以选择和判断。

在检视职位申请登记表的过程中，下面这些环节应该尤其值得重视，虽然其中更多体现为细节，但反映出的有可能是求职者身上与众不同的特点。

● **通过求职者笔迹分析其特点**

在职位申请过程中，除了要填写电子表格，求职者难免还要手动填写某些表格、单据或签字。通常来说，正式的表格都会以黑色或者深蓝色中性笔填写，字体强调正楷端正。但是，根据简单的笔迹心理学来加以检视，还是可以发现每个求职者的不同点。

例如，笔迹压力过重、使用力度较大，说明求职者个性认真，对事情关注，但不一定关注整体过程；一列字的中间部分写得最大，说明求职者有可能比较关注事情过程，而后半部分写得最大，则显示他们对事情的结果比较关注；写字笔画比较直、断笔较多的人，比较理性，而反之的人则比较感性；字体写得较为密集的人，沟通能力一般较强，而字体写得比较稀疏的人，沟通能力较弱，同时有比较重的防备心理；整体文字向上方倾斜的人，性格比较积极，而整体文字向下倾斜的人，消极意识则比较强。

- **对家庭背景的分析**

很少有人力资源管理者去关注求职者的家庭背景，但实际上，这往往是分析对方心理的一个基础步骤。首先人力资源管理者应该观察对方父母的工作单位和职位，尤其是当下的年轻人，其对社会的感受和看法、对工作的态度和对事业的设想，和其父母有较多关联。例如：出身于社会地位较高如政府部门领导、高校教授或者国企领导家庭的求职者，往往会表现得看重自身的被认可度，表现出较大的求职野心，但并不一定看重短期的工作收入；而出身于欠发达地区家庭的求职者，则可能更多看重工作收入，并谋求工作带来的安全感。另外，观察求职者对家庭成员次序的排列也颇有意思，并具备相当的实际意义：那些在婚后依然将父亲、母亲放在家庭成员前列的求职者，通常都会表现出对权威更多的尊重；那些将母亲排列在父亲前列的求职者，通常都更为感性；而按照遗产继承关系将配偶排列在父母前列的求职者，则可能更加理性和现实。

- **观察员工如何进行自我评价**

在一个人对自己进行的自我评价中，常常能够发现他们的心理特点。例如，喜欢用“我”作为句子开头和唯一主语的求职者，通常可能具备挑战自我的精神，但并不一定具有很强的团队协作能力；反之，那些将自己学习和工作过的组织作为句子开头主语的求职者，可能就较为明显地倾向于以团队利益为主。

此外，求职者对自己优势和劣势的表达、看待和比较，也会反映出其本人自身信心的高低、对工作的看法和期待等，这些细节都需要人力资源管理者结合具体情况进行分析掌握。

## 面试环境帮助敞开心扉

利用好面试，管理者将直面求职者的内心。

从广义上来说，面试是人力资源管理者和求职者进行直接对话、交流的过程，或者是一种将求职者置入特定的情境中进行观察，从而对其整体素质、能力和工作资格进行测评的方法。这种方法将能够帮助人力资源管理者充分认识求职者，尤其观察到他们的内心世界是否做好了应对工作的准备。

然而，在一些企业进行的面试过程中，并没有站在科学的角度将求职者作为完整的“人”进行观察和分析，也谈不上观察他们的心理层面。这样的面试更像一种审视甚至是审问，缺少了互动的内容。当然，成功的企业绝不会采用这样的面试，他们的人力资源管理者会给对方更多的心理表现空间。

中国华为公司人力资源管理者对应聘者的面试，通常都是采用面对面的形式进行。在面试过程中，主考官都是来自不同部门的专家或管理者，他们每个人都为面试准备了问题，其中安排了不同的侧重点，考察参与面试者的技术能力、性格、情绪、认知、思考力、判断力、逻辑分析、综合表达等一系列心理层面的表现。而这些问题全部由不同的考官提供，并没有经过集体商量。下面则是华为公司面试的一般流程。

第一轮是单独面试，主要考察求职者的技术。由相关专家向求职者询问学习和工作情况，考察他们的成绩分数，并观察他们对华为主要业务（移动通信和计算机网络）的了解程度。当然，专家还会选择一些比较基础的技术问题来加以询问。

第二轮是集体面试。大约有14至16位求职者参加集体面试。这种面试的座位安排呈等腰三角形，面试官的位子放在正中间，而其他所有人座位斜夹在一起形成等腰三角形。面试开始后，首先由每个人做自我介绍，任何人准备好都可以随时开始。这部分的自我介绍包括自身的优势和劣势、求职的动机等。之后，开始进行无领导小组讨论，在讨论开始之前，所有人被分成两个小组，每个人拿到一张材料，在五分钟的阅读后进行十分钟的小组讨论，最后是展示小组讨论的结果。对于小组展示出的结果，面试官可以进行提问，而求职者则可以根据结果进行质疑和辩论。在讨论过程之后，通常会淘汰两三个人，并允许接下来的人进入下一轮面试。

第三轮面试是进行电脑上的性格测试，地点通常位于酒店的会议室，每六个人一组进入上电脑进行测试。测试时间不限制，总共有52组共104道题目，而每道题目共有三个描述选择，求职者应该在三句描述中选出最符合和最不符合自己的两个选项。一般来说，性格测试并不会淘汰求职者，只是帮助人力资源管理者最后进行综合评定。

第四轮面试是外界所传说的“BOSS面试”，即由业务部门领导进行单独面试。在这个环节上，部门领导将会结合面试的对象进行不同的面试方法。他们可能选择用制造压力的方式来观察求职者应对压力的心理素质，也有可能故意用冷漠的态度来考察求职者是否具有抗打击的毅力和柔韧性。

上述四轮面试中，华为公司的人力资源管理部门实际上已经对每个求职者从背景到能力再到技术有了全面而充分的了解，更重要的是，对他们的心理素质也有了明显的观察结果。这样,可以做到从求职者中择优而取，打造华为强大的人才队伍。华为的面试之所以如此成功，和他们对面试的正确定位和准备也有着紧密的联系。

- **面试是全面测试求职者心理的机会**

一般来说，面试中存在着五大要素，即求职者、面试者、面试内容、面试程序和面试结果。人力资源管理者应当将这些不同的因素都看作是测试求职者心理的绝佳机会，只有这样，面试才能提高企业用人的准确度，形成良好的效果。

- **面试是工作心理的模拟场**

通过观察华为公司的面试过程我们能够看出，该企业的面试通过构建未来可能工作场合中的不同环境，并观察求职者在这些环境中的不同表现，从而模拟出他们在环境中的具体心理表现，并由此透视求职者的心理世界。而一些过于简单直接或者教条主义的面试则显然不同，这些面试缺乏必要的环境氛围，无法营造起适当的气氛来让求职者真正面对工作中可能的情绪，因此，这些面试得到的很可能是求职者的表演或者“标准答案”。

- **不看重面试中的心理层面，会让面试过于单薄化**

和华为公司截然相反的是，一些中小企业的招聘面试，甚至并不看重面试中的心理层面。例如，一些企业并没有设置性格测试面试，还有一些企业在进行单独面试时只凭借部门管理者一个人的直观意见就做出决定，而不进行心理层面的考察，结果很容易因为部门管理者过于武断而导致错误的选择。

实际上，想要让人力资源管理者能够通过面试获得对更多求职者心理层面的认识，也并非困难的事情。这需要营造合适的面试环境。

● **面试前做好充分准备**

首先，人力资源管理者应该通过充分的前期准备工作，做到有的放矢，仔细审阅职位的说明书，做到了如指掌，能够明确观察员工心理层面中具体的性格特点、职业兴趣或是价值取向；其次，人力资源管理者应该科学地对面试时间和场地进行安排，例如，每位求职者的面试时间应该大体相同，环境则应该尽量安静、雅致情结而舒适，避免外部的干扰。另外，面试座位也应该根据需要来加以安排。

● **面试人员应富于代表性**

面试人员则应该挑选富于工作经验、客观公正、训练有素的部门主管或有经验的员工组成。这样，可以保证面试的“硬件”和“软件”环境，同时能够为有效了解求职者的心理服务。

● **面试形式应科学合理**

根据不同的标准和作用，面试可以有不同的形式，如结构化面试和非结构化面试、单独面试和群体面试、情景面试和经验面试等。这些面试形式，只要善于对其加以利用，都能得到良好的心理观测效果。例如，情景面试能够观察出员工在不同情境下的表现，而经验面试则更容易分析出他做出这些表现的心理动力，等等。因此，根据具体岗位的需要和求职者素质的不同，人力资源管理者可以选择不同的方法营造不同的面试形式。

## 面试官怎么问出心里话

面试中的提问是观测心理的关键步骤。

面试中，人力资源管理者作为面试官，其首要的工作任务就是完成对求职者的筛选，挑选并发现那些适应岗位者的价值。但仅仅如此是不够的，他们还需要通过合理的题目设置和提问互动，了解求职者的内心需要，并得到他们最坦率的回答。因此，在成熟的大企业中，面试中的题目环节和自由提问环节，都会得到面试官应有的重视。

世界著名的宝洁公司，其招聘面试分为两轮，第一轮为初试，由一位面试官对每个求职者进行面试。这位面试官通常都是求职者应征业务部门的经理，面试时间大约在30至45分钟。通过第一轮后，这些求职者将会被安排来宝洁中国公司总部参加第二轮面试，这一轮面试也是最后一轮，整个过程大约60分钟时间，面试官一共有三人以上，人员组成包括不同业务部门的高层经理，另外由人力资源部门的主管或工作人员参加。

为了能够在这一轮面试中详细了解求职者的心理状况，其核心问题一般由以下八个组成。

第一个，请举出一个具体例子，说明怎样去设定一个目标，并看待这个目标，最后予以达到目标的方式方法。

第二个，请举例说明，你是怎样让自己在一项团队活动中充满主动性，并发挥领导作用，最终获得你希望的结果的。

第三个，请你描述一种情形，在这种情形中，你必须要通过寻找不同信息，发现关键问题，然后对这些信息和问题加以排序归类，从而采取必要的步骤来获得期望的结果。

第四个，请你举出例子，说明你是怎样看待自己对他人的承诺，并怎样实施完成。

第五个，请你举出例子，说明你怎样看待一项重要的合作任务，并和他人共同有效完成。

第六个，请你举出例子，说明你是怎样设想出一个有创意的建议，并怎样将这个建议通过团队计划，并最终取得成功。

第七个，请你举出例子，说明你内心是如何对你现在所处的环境进行评估的，同时，介绍你是怎样将注意力集中在重要事情上，从而获得你所期待的结果。

第八个，请你举出例子，说明你是如何意识到一门技术的重要性，并且将它掌握后用在实际工作中的。

根据上述问题，面试结束后，每位面试官会当场在他们的“面试评估表”上打分。打分将结合求职者体现出来的能力值和心理表现分为三等。其中 1 至 2 分者，被认为能力不足或心理状态不够稳定；3 至 5 分者，被认为能力出色，心理状态稳定；6 至 8 分者，被认为能力杰出，心理状态良好。

在进行打分后，面试评估表后有一项“是否推荐栏”，有三个结论可以供面试官选择：待定、接受和拒绝。而只有所有面试官同意之后，候选者才能成功入职。

面试过程中通过向求职者提问，能够观察到他们对工作的看法，更能看到他们是如何评价自我、行业或者企业的，人力资源管理者很容易从中看到求职者今后面对工作的态度，听到他们最真实的内心反馈。

- **利用面试提问，能够发现求职者的期望值**

一些求职者因为学历较高或者能力较强，而可能带有过高的期望值。这样的心理通过有效的提问就能发现。如果人力资源管理者没有在面试中通过提问来加以了解，则很容易将这种心理现象理解成一种盲目自信。

- **正确提问可以克服求职者的恐惧和紧张**

一些求职者实际上拥有较高的工作能力和发展潜力，但是，由于在社会交往中存在某种程度的恐惧感，加上求职的压力，他们往往在面试过程中高度紧张，导致感觉敏锐度下降、注意力不集中，进而影响整体表现。面试官应该利用适宜的提问方法和态度来缓和他们的紧张情绪，帮助和引导他们在面试中真实、真诚的表达。

- **克服求职者的迎合与从众心理**

无论是在面试的过程中，还是在日常谈话中，不少求职者都会因为从众心理或者迎合心理，表现出不愿意说出内心真实想法的行为。具体来说，这些人会在社会群体压力下，放弃自身意见，转变原先态度，采取“应有的”、“大多数人一致的”语言和行为来回答问题。因此，面试官有必要采取正确的提问方式来改变他们的这种迎合与从众心理，解除求职者内心和群体之间的冲突，增强他们的安全感，获得更真实的答案。

选择有意义的面试问题，可以帮助面试官看到更为真实和内在的求职者内心形象。

**●首先提出背景性问题**

所谓背景性问题，是指有关求职者个人基本情况的问题。面试官可以在面试开始的三到五分钟内，了解求职者的个人、家庭、教育和工作方面的不同情况。在提出这些问题时，面试官应该注意放松语气、保持微笑，让求职者能够缓解紧张情绪，正确看待面试。同时，将他们的注意力集中到心理层面的自我形象中去。

**●深入后提出思考性问题**

思考性问题，主要偏重于考察求职者是否能够利用正确的心理态度、心智模式来对不同事物和现象做出综合分析，是否具备应有的理解和分析判断能力。因此，这类问题通常应该以行业或企业中较为复杂的焦点问题作为主题，考察求职者的心理平衡能力和综合分析能力。面试官对求职者给出的回答应该更多地关注其观点背后的心理活动过程，而不是看其观点本身是否正确。

**●适当给以意愿性问题或压力性问题**

通过意愿性题目的提问和追问，如“你为何想离开原来的工作单位”、“你希望从工作中获得什么”等，求职者在职业选择上的考虑包括心理上的价值取向、求职动机和职业兴趣等，都能够被面试官有目的地了解和获取。

此外，适当地提出压力性问题，面试官才能看出求职者在压力下能否做出及时调整，保持心理的平稳、思维的逻辑性和条理性。

## 通过应聘体验认可公司

求职者对企业的体验从应聘开始。

作为经常参与人力资源管理咨询的专业导师，经常能够听到员工这样的无意话语:“我从应聘开始，就喜欢上这家公司的作风”或者“我参加过他们的面试，不过对他们缺乏好感”。这些话语虽然看似无心，但实际上却表现出了应聘过程中人力资源管理者常常没有予以重视的问题——应聘既是企业组织向外界寻求优质资源的过程，同时，也是人力资源中的精英通过实际体验来认识企业组织的过程。

正因为如此,整个应聘过程的组织应该尽量为求职者打造良好的体验,尤其是其中面试官本身的表达方式，将成为这种体验的重要基础。

某医药产品企业招聘销售人员，经过好几次招聘，都没有找到期待中的合适员工。在又一次招聘过程中，通过初次面试，筛选出了几名候选人。在第二轮面试中，人力资源部门的面试官建议以心理测验法为主，挑选出具有强烈事业心、积极人生态度，同时又懂得为团队和客户考虑的员工。

经过每个人十分钟左右的测验，一位貌不惊人的求职者引起了整个面试考官团队的注意。这位求职者此前并没有同业从业经验，也缺乏市场销售知识，但是，通过对他的心理测试过程和谈话过程，考官们一致认为，他虽然没有行业经验，但由于一直在公立医院担任医生，有着专业层面的基本素质，有条件成为合格的销售者。另外，在心理测验过程中，这位求职者表现出了自身心理层面上的真诚、正直和坦率，他对工作和事业充满激情，属于目前企业所需要的开拓式人才。这正是人力资源管理者一直对整个面试团队所强调的。

后来，这位求职者进入了团队后在与他人分享求职经历时提到，在被这家企业所招聘的同时，他也拿到了另一家私立医院开出的条件不菲的邀请。但是，经过面试过程的体验比较，他毅然选择了本企业的销售职位。这是因为，这家企业在面试中运用的心理测验方法，不仅让他具备新颖的体验，更让他感到该企业是真心实意谋求发展，并能够运用科学方法招募人才、组建团队的优秀企业。这样的体验同他之前因为相貌平庸而被不少用人单位拒之千里的体验相比，更容易吸引他。

在常见的对面试的看法中，面试官包括人力资源管理者常常只关注到面试的直接功能性目的即招募人才，却忽视了面试对于众多求职者的另一种影响。事实上，那些无法进入企业的求职者，会将面试中形成的体验同其他求职者分享，而形成企业在用人方面的品牌效应；而那些通过面试进入企业的求职者，又会受到面试中体验的暗示，形成对企业的看法、对企业文化的看法和对企业用人模式的看法，进一步影响到他们对工作和职位的看法。因此，忽视面试的体验效果，就是忽视面试的完整意义和价值。

**● 营造好的面试体验，会让更多人才纷至沓来**

必须承认，并非所有求职者都是抱有必须被选中的心态参加面试，其中也有相当一部分人是以体验为目的，即通过面试中的心理感受来获取对企业的印象、对行业的印象或者更好地了解自己包括心理层面的综合实力。因此，如果面试官能够给他们带来更好的面试体验，势必能够打造企业在求职者群体中更好的心理形象，吸引更多的人才。

- **不良面试体验会破坏进一步的人力资源管理效果**

如果面试体验不佳，求职者或许也会因为其他原因而愿意加入企业。但是，这些员工往往从一开始就不完全认可企业对于员工的管理方法，因此，他们与那些体验较好的员工相比，更容易对人力资源管理表现出不配合的态度。

- **不良面试体验将会影响业务部门参与面试的兴趣**

由于求职者的面试体验不佳，很容易给其他参加面试的业务部门带来不佳的体验反馈，这样，当人力资源部门组织下一次面试时，这些部门的相关人员或领导表现出的参与兴趣和动力就会明显下降。

为了提高面试中求职者的良好体验，人力资源管理者应该围绕他们的心理特点，构建良好的心理感受，并传递积极的能量，从而获得更好的面试过程与广义上的良好效果。

- **通过倾听营造良好体验**

倾听是一种良好的沟通技巧。人力资源管理者可以通过倾听求职者的谈话，把握其中的信息含义，并了解他们的内心情感，正确理解他们的谈话内容。这样，求职者就能得到被尊重和被理解的良好体验。为了做到这一点，人力资源管理者应该尽量集中注意力，并从对方的回答中积极提取要点，并善于利用视线和点头等动作表现自身的理解和注意。

- **抓住提问的功能营造良好体验**

面试官应当尽量让自己的提问易懂、简明而有力，避免使用生僻或者过于专业性的词汇。另外，提问应当简短，尽量控制在45秒以内。

这样，求职者才会感到面试的节奏合理而有序。当然，考官还应该将问题安排得先易后难，从而让求职者能够逐步适应，顺利展开思路，得到良好体验。

- **开放性问题和封闭性问题结合**

如果总是采用封闭性问题来进行面试，会让求职者感到是在被审问，难以得到良好体验。同样，总是采用开放性问题，又会让求职者感到面试并没有经过精确控制，缺乏引导。因此，面试官不妨多采取两者结合的方法，既可以让应试者列举出实际例子自由表达，也可以让他们在已有的选项里自主选择，这样，求职者会感到自身意愿和表达被充分尊重，而面试官也对其有一定期望。

## 招聘金字塔是心理游戏

招聘是一场心理游戏，懂得心理学的人将笑到最后。

对于求职者来说，招聘的全过程就像是一座层层递进的金字塔，他们需要通过层层考验，不断地淘汰身边的竞争对手，进入更为严格的最终测试环节。同样，对于组织来说，招聘过程也意味着一种筛选，在人才市场中挑选出合格的备选者，进而再从经过层层筛选的备选者中挑选出最为合适的任职者。

因此，人力资源管理者可以通过招聘的残酷，看到其背后的“游戏”本质：招聘可以是一种心理竞争的游戏，管理者和求职者通过游戏中的互动，做到相互了解；而求职者之间通过游戏过程中的竞争，做到择优而出。如果忽视了这种心理游戏的属性，单纯地将招聘看成资源的搜集，显然对招聘的全面性、公正性和客观性毫无裨益。

F公司是一家正在发展和扩大的公司，随着生产规模的不断扩大，为了能够对生产部门进行更有效的监管控制，公司决定在生产部门建立一个处理质量控制的职位，其主要工作是协调生产部门与质检部门之间的工作。为此，人力资源经理王燮、生产部门经理李潇对前来应聘的候选者进行了筛选，并最后留下了两个候选者。其简历和具体情况如下。

许飞：男，31岁，企业管理学硕士学位，在原企业有5年的生产管理经验，有着良好的工作表现。而面谈也主要集中在对工作内容、工作待遇的介绍和谈判上。

赵立：男，32岁，企业管理学学士，有6年质量检验管理及生产管理经验，曾经先后在三家公司工作过。其中前两个单位的主管评价都很高，但第三家单位主管没有做出过评价。而面试过程也体现出，赵立在技术和资历上都能很快融入现有的组织团队中。

对上述资料和面试结果进行分析商议后，王燮和李潇商谈具体录用对象。王燮提出：“两位候选人的初试和面试都合格了，不过，我总认为这两位求职者的背景资料还不够，我们对他们怎样看待这个新设职位、他们的情绪稳定度等，都不太了解。是不是要进行一次心理测验来更多地了解下他们两个人，尤其是赵立？你的意见呢？”

“我觉得他很适合这个工作。”生产部经理李潇说，“我跟他面谈的时候，对他印象很不错。当然，以他的阅历来看，性格的确有点圆滑了。不过，我想我和他能和谐共事的，不会在以后的工作中出现太大的配合问题。”

王燮犹豫了一会，说：“好吧。既然他是要和你在一块工作，那么当然由你作决定更好。那心理测试就取消吧，明天我们通知他签约怎么样？”

很快，赵立被公司录用了。进入公司几个月后，王燮发现，赵立的工作成效远远无法达到公司对他的期望和要求。他情绪经常不稳定，也无法正确配合李潇的工作，有时和下属员工都无法很好地沟通。赵立的这种表现引起了管理层的抱怨，显然，以赵立的心理素质来看，他并不适合这个职位，必须要另找人选。

通过这个失败的招聘案例可以看出，人力资源管理过程中的首要环节，是对人员的招聘和选拔。而在这个招聘和选拔的过程中，人力资源管理者应该看重其中的心理测试，重视采用科学的手段来挑选员工。然而，也有一些中小企业在挑选人才时手段过于单一、方法显得过于单薄，尤其缺少了通过“心理游戏”测试来选拔人员的意识和手段，因此影响了员工招聘选拔的结果和质量。对于这些人力资源管理者来说，采用科学和适宜的心理测评方法和工具来组织面试尤为重要。

**● 心理游戏能够观察出人员和职位的匹配程度**

在面试过程中引入心理测试的内容，能够看到求职者个性特征和职业特征的一致程度。反之，一些人力资源管理者在员工招聘过程中缺乏必要的深入手段，没有积极组织求职者之间心理层面的竞争，就会导致人员和职位上的匹配程度缺乏一致性。

**● 人格类型无法具体划分清楚**

由于未能将心理游戏引入竞争机制，人力资源管理者缺乏对求职者在心理层面的了解，进而不能对他们的人格类型进行划分。实际上，如果人力资源管理者能够更好地学会划分人格类型，就能看到不同类型备选者的职业兴趣，进而为招聘、选择和今后工作的配合打下坚实的基础。

**● 心理游戏也能体现出候选者配合的可能**

在候选者参与的心理测试、性格测试或者其他形式的招聘心理游戏中，他们的自身性格既能够作为相互对立的矛盾出现，也能够表现出相互和谐的合作形式。而人力资源管理者如果能够看到这样的合作，就能为今后不同部门中员工良好的配合提供更多的可能。

在面试中，人力资源管理者要组合起成功的心理竞争游戏，可以采用以下的方法和步骤：

**● 无领导小组讨论**

无领导小组讨论既可以是一种面试过程，也可以看作一种对求职者认知、情绪等特点进行观察的过程。在这样的过程中，人力资源管理者应该积极对小组中不同求职者在讨论中表现出来的气质、思维、逻辑等方面的特点加以辨别和比较，既要看到其中每个人表现出的优点，也要看到他们的缺点，从而让这样的小组讨论变成另一种形式的"心理游戏"。

**● 观察角度多元化**

面试中，只有让面试官的观察角度更为多元化和开放化，才能体现出"心理游戏"在面试中的作用。因此，面试官除了应该倾听求职者所说的话之外，还应该仔细观察他们的非语言行为。例如，注意对求职者"测谎"，他们的眼睛不愿意正视面试官、声音突然变大或变小、用手指很快地摸自己鼻子的时候，往往就是在进行心理上的逃避。又如，非言语行为如摇头、点头、皱眉、微笑等，都能够代表一定的心理活动。

**● 让"心理游戏"更加公平**

面试过程应该被看成一次"心理游戏"，不仅如此，面试官一定要注意让这样的游戏有更加公平的规则。首先，面试官要保证自己的心态尽量公平公正、客观平稳。例如，有些求职者看起来其貌不扬，或是圆滑、呆板，面试官都应该尽量做到不让这种形象上的第一印象干涉面试中的“心理游戏”。换言之，面试官应该将客观的评价更多地放在面试本身的过程中，即对求职者心理的观察上。

# Chapter6.

## 洞察内心选对精兵

——从心管理之测试甄选

# 当心理测试成为大明星

不懂得心理测试价值的人力资源管理者会被淘汰。

伴随企业对人力资源管理要求越来越多元化、越来越高标准，掌握的知识多少和技能高低，已经不再是判断员工水平能力高低的唯一标准了。不少人力资源管理者开始寻找那些和企业文化在心理上匹配的员工，而求职者个人的气质、情绪和个性特点等综合素质，就成了企业重点考察的对象。在这种情况下，心理测试开始逐渐成为人力资源管理中的“大明星”。

UG 公司是一家大型的外资企业，这家企业集团将技术研发、生产和销售三项业务合为一体。由于企业发展的需要，他们每年都需要招聘技术主管和区域经理。

对于 UG 公司来说，怎样找到适合企业发展的销售经理和技术人才是人力资源管理的重点。应聘者的知识、工作履历和技术考察都不是问题，大多数前来应聘的人才都有足够的水平资质。然而，在此之前的人力资源管理经验告诉 UG 公司的管理者，许多员工在工作中发挥不佳，并非因为自身的知识能力有问题，更多原因在于他们的个性等心理素质并不适合企业的文化。

在专业的咨询下，UG 公司认识到，做一次更专业的人才心理综合测评可以很好地解决这样的问题。于是，UG公司决定与专业的咨询公司合作进行心理测评。

在接受委托后，UG公司的人力资源主管和专业咨询公司共同研究了这样的问题：在目前情况下，该公司最需要的是具有怎样心理素质的人才？经过深入的调查和分析，我们对不同的选人标准进行了挑选和确定，并根据最终的标准，对心理测评工具进行了选择和开发。

下面是具体采用的测评工具。

笔试测验包括《企业能力测验》、《MBTI行为风格测验》、《工作兴趣测验》、《企业文化测验》和《工作动力测验》。这些测验主要是用来考察应聘者在工作能力上的素质和发展的潜力，以及其所具备的心理素质、工作风格和日常工作中的倾向等。

评价中心技术，包括无领导小组的讨论。这方面的测验主要是用来考察求职者对问题分析处理的能力、口头表达的能力、与人沟通的能力等。

结构化面试测验，包括考察经营观念、组织管理意识，同时深入考察与人沟通的意识和能力。

上述这些心理测试共分为三个单元，需要花费两天时间完成。其中，无领导小组讨论花费了半天，其他测验使用了半天时间。经过这两轮筛选之后，对剩下的求职者进行结构化面试，花费一天时间。在这样的心理测试之后，我们写出了详细的心理测试评价报告，将所有求职者的差距、优劣一一列出，并针对区域销售经理和技术主管这两个岗位进行了有选择有重点的排序，对其中3位候选对象提出了推荐意见。

经过评价和推荐报告，UG公司的领导班子也进行了深入的分析和讨论，之后，他们一致认为，建立在心理测试上的评价很有科学性并有说服力，因此采纳了建议。公司认为测评报告不仅对招聘者做出了正确的选拔评价，还能够为他们怎样在工作岗位上更好地发展提供良好的指导和建议。

心理测试是对人员进行测评和选拔的一种较为先进的方法。这种方法源于国外，运用范围也比较广泛，具体来说，心理测试是通过一系列的手段，将求职者抽象的心理特征进行量化，从而衡量人员智力水平、个性差异的科学选择方法。目前的人力资源管理过程中，不少企业在进行人员测评和选拔时往往都需要使用心理测试方法。

- **选择心理测试，能够带来迅速便捷的效果**

一般来说，一项心理测试能够在两小时内完成对一批求职者的测评。因此，人力资源管理者可以在较短的时间内迅速了解求职者的心理特点、潜在能力和其他性格上的特点。这样，人力资源招聘工作和考评工作能够更为高效。

- **心理测试因其客观性和科学性成为人力资源管理中的“明星”**

心理测试题一般都是经过科学验证而产生的，由标准化的客观选择题构成。同时，其计分方法和分析方法，也具有同样客观的标准，因此，采用这样的心理测试题，和面试中由面试官主观加以判断的方式有着显著的不同。前者更具有科学性和客观性，而后者则主观性较强。

- **公平性可以支持心理测试的质量**

在求职者招聘或员工评比中，常常有可能出现不公平竞争的现象。人力资源管理者采用心理测试，则能在一定程度上避免这种不公平性。这是因为通过心理测试之后，那些心理素质比较高的人才或员工，能够通过后期数据整理脱颖而出，防止其他因素的影响。

因此，学会用好心理测试，重视其功能和意义，对于人力资源管理者来说意义重大。想要让心理测验能够充分发挥其效果和价值，应该注意以下几点事项：

- **认真设计和实施操作过程**

在使用心理测试过程中，要严格按照规定的步骤进行。事前，应该精心规划，避免任意改动。另外，应该注意版本问题，不可随意对问题进行改动或增减。如果随意改动或增减原有的标准心理测试问题，测试结果将会形成一定的偏差。

- **选择合适的测验量表**

通过市场、网络或者咨询公司，可以挑选到不少心理测验量表。但人力资源管理者应该注意，不同量表的使用对象、条件和目的都有所不同。一些量表有其特定的使用环境和使用意义，并不适用于所有企业。所以，在选择和使用量表时，都需要严格检验。

- **心理测验一定要保密**

既然选择心理测试作为选择人员的依据，那么人力资源管理者就一定要坚守保密原则。人力资源管理者和员工一定要做到保证不能向应聘者透露具体的测验内容和项目。同时，还要做到在测评结束以后对结果保密，维护求职者或员工的个人隐私。

## 经典心理测试助力甄选

MBIT 心理测验——人力资源管理者的重要工具。

现代心理学中的不少心理知识和原理，已经为人力资源管理工作作出了卓越的贡献，其中，大量有益的测验工具不断出现。例如，认知能力、性格了解、兴趣了解、成就动机等测验工具，能够有效地将人员外部的行为表现和其内部的人格特征分析结合起来，大大提高招聘和甄选的准确性，使得对人才的选拔也具有了常用分量化的可能。

在这个过程中，一些经典的心理测试所得到的结果，能够全面地判断出个体未来可能的行为方式，对他们的行动预测能够起到积极作用。其中，最为著名的就是麦尔斯·布瑞格斯测量工具（MBTI）。

MBTI测试，对于了解求职者个体的行为方式以确定其适合的岗位职业，具有明显的指导意义，得到了不同行业的企业一致的重视和认同。在美国，每年有将近200万人接受这个测验，一些国际知名企业，如苹果公司、通用电气公司和3M公司等，都在采用该测量工具。

这套测量工具一共从四个方面来揭示求职者或员工的人格特质，包括：外向——内向（EI）、感觉——直觉（SN）、理性——感性（TF）、知觉——判断（PI）等。通过这四方面的测量，进而推导出共16种心理特质组合，这样的测量结果，对选拔和就业两方面都做出了重要的指导。

例如，一次用MBTI工具对美国警员进行的人格测评结果显示：SJ忠诚类型的员工，大约有50%以上，他们追求稳定和有序的工作，严肃而认真地看待自己的工作岗位；SP艺术类型的人则在警员中占有25%，他们喜欢挑战，善于去发现和冒险抓住机会；NF理想主义型的人则不到10%，他们善于去观察他人的内心和行为，因此在人力资源、教育培训等方面空间较大；而NT思想家类型的员工则占据剩下来的15%不到，他们有强大洞察力和逻辑思维能力，因此，很可能在今后的工作中成为领导者。

掌握MBTI工具，对于人力资源管理者来说，具备极大的意义和价值。

在这套工具中，主要使用了荣格心理模型中的四大核心维度，另外增加了“知觉——判断”维度。正是这四个维度，构成了员工或者求职者对于信息从接受到输入的全部过程。

- **外向和内向维度**

这是区分人们关注方向的差异。外向的人更多将注意力集中在外部，内向的人更多将注意力集中在自身。因此，前者更容易和周围的人合作打交道，而后者更容易进行研究或者提升的工作。

- **感觉和直觉维度**

这是用来区分个体如何获取信息差异的维度。一般来说，感觉型的人喜欢直接用感官获取信息，关注事实本身；而直觉型的人则喜欢用“第六感”来预测判断，更加擅长用概念逻辑来进行思考。管理者应该明白，在职场中，前者更关注现实并善于处理实际问题，而后者经常表现出对工作变化的追求，喜欢按照直觉做事。

- **理性和感性维度**

这是用来区分人们做出决策时的差异。一些人容易倾向情感，一些人需要依赖理性。感性的人很容易用主观评价判断，理性的人用因果推理来决策。因此，前者更适合做协调、服务的工作，后者更适合做管理工作。

- **知觉和判断维度**

这是用来区分人们对事务和生活安排方式的不同。前者更为灵活，不愿意按部就班工作；而后者更为有序和谨慎，表现得更加有目的性，行动也更为规矩。因此，知觉型人才善于制定计划，却不善于执行；而判断型的人则与此相反。

结合对这四个维度的理解，人力资源管理者应该积极运用好 MBTI 这样的经典心理测试。

**● 解释清楚什么是偏好选择**

人力资源管理者应该向受测者解释，什么是自然的人格选择偏好。例如，通过一些例子说明“性格就和人的左右手一样，总会有一只手是优势手，另一只手是非优势手”。从而帮助受测者们在测试之前，就能认识到人格偏好并非完全是指另一种行为的禁止，而是指对不同行为中的偏好选择。

**● 分析不同维度的测试结果**

人力资源管理者应该能够分析受测者在不同维度上的不同得分，按照其中的差别大小,分别划分成为“完全符合”、“比较符合”、“一般符合”和“轻度符合”四种类型，并对不同类型的维度进行综合对比，分析受测者的主要人格特征。

**● 评定出最符合的人格类型**

MBTI 经典心理测试，共包括 16 种人格组合。人力资源管理者应该选择每个维度得分最高的方向去对受测者的人格类型加以确定，然后根据评定手册得出结果。

需要注意的是，在操作过程中，人力资源管理者应该意识到，在这样的心理测量工具中，维度是分别独立的，而之所以采取强迫选择的方式，也就是为了获得有关偏好选择的信息。另外，在受测者的性别和年龄上没有测试的具体不同。

# 话外余音里的信息密码

听懂话外音，获取更多信息。

今天的职场是彰显个性的舞台，越来越多的人喜欢在他人面前谈论自己，却没有多少人擅长在工作过程中真正倾听他人声音。然而，如果人力资源管理者自身出现这种情况，就应该注意。因为这种情况将会导致他们失去必要的管理基础，失去员工的信任和支持，这是相当可怕的。

实际上，一个有领导技巧的人力资源管理者，会根据工作时间和地点的不同，结合具体的情况，来提出不同的符合实际需要的问题，同时倾听员工或者求职者的回答。当他们作为良好的倾听者时，也会将谈话空间留给对方，让他们随意谈话，然后抓住话外音中的点滴，找到对自己最有价值的信息，从而为自身的管理工作找到更好的方法、更宽广的解决问题的渠道。只有通过倾听对方的话外音，才能有机会获得自己想要的信息。

一家著名的食品企业集团的人力资源总监和我有过多次合作，他曾经与我分享这样的工作经验。

倾听下属的不同声音，是作为人力资源管理者应尽的工作责任。一个人力资源管理者，就是要学会什么话都能倾听，能够在倾听的过程中忘掉自己的所谓位置和利益，让员工充分表达，并能够听出弦外之音，这就是他对员工心理观测的具体方法。

例如，如果一个怒气冲冲的员工来到人力资源总监这里“声讨”，那么，他会像接待一个重要客户那样对待他。先是请他坐下，让他感到被重视，然后，再给他端上一杯茶，让他慢慢做到心平气和。

此后，等他平静下来，这位人力资源总监才会让他说出心中的不平。一旦员工开始倾诉，总监一定会从头到尾加以认真倾听，不去打断他的话语。这样，员工就会感到内心的舒适感。等他讲完之后，人力资源总监通常会表明，自己对其感受相当理解。如果换做是自己，也会有这样的想法。这时候，员工的气愤情绪就基本消除了。即使他原来是想和人力资源总监大吵一架，此刻也不再打算那样做了。

接下来，人力资源总监会提出自己的问题。例如，究竟是什么原因导致员工遇到这样的问题，是不是对组织内部的工作有什么看法，或者是在情绪上因为什么产生的波动。当员工做出回答时，人力资源总监会不断表示回应，或给出建议。

最终，在这样的谈话下，员工不仅会解决自身的问题，还有可能表现出更多的想法和愿望。这样，人力资源总监就总是能从话外音中得到更多的信息来帮助自己进行管理。

听懂员工的话，不仅是对他们的尊重，同时也是了解他们的重要途径。作为人力资源管理者，应该能够投入更多时间去听一听他们的话外音。

**● 不愿意多听员工的声音，只能得到最低程度的信息**

由于绝大多数员工都会将自己对组织工作的看法、情绪和态度隐藏在内心中，因此，人力资源管理者只有去更多地倾听员工声音、鼓励他们说出自己的想法，才能得到更深程度的信息。反之，不少人力资源管理者正是因为“抽不出”时间和精力去与员工交流，更无从去听他们的话外音，而失去管理员工心理的有效机会。

**• 主动听出话外音，是对员工的尊重**

身为人力资源管理者，对员工的尊重应该表现在舍得时间去听一听他们的心声上。这样，人力资源管理者才会更加明白所有人的目标和愿望，为自己的工作安排打下良好的基础，使自己站在员工的角度，去理解他们的内心活动，找到符合其希望的解决问题的最佳办法。

**• 关注细节，才能获取团队其他成员的心理细节**

毋庸置疑，一个团队中，不同成员会因为各自的心理变化而相互影响。因此，只有当管理者关注到其中某个成员的内心活动细节时，才能追根溯源，发现整个团队的心理活动对其所产生的影响。然而，不少人力资源管理者并没有意识到这种见微知著的特点，他们宁愿站在自己的角度去臆测团队中所有员工的心理活动，也不愿意去关注其中一个员工的话外音来推测整个团队的想法。

想要从员工的话语中找到有价值的话外音，人力资源管理者应该从以下几个方面去捕捉更深层次的含义：

**• 当员工提出问题时**

员工或许会对工作提出问题，也有可能对团队情况提出问题，但这些问题的提出并非偶然，其提出的动机、环境、原因都值得人力资源管理者加以发掘。人力资源管理者不妨抓住这些因素去发现是怎样的心理氛围和活动促使员工提出这些问题，从而为自己对团队的心理活动影响和引导提供重要的借鉴与参考。

**• 听懂员工的抱怨**

员工抱怨的目标并不会总是人力资源管理者，或许包括企业老板、客户或者其他部门同事。但人力资源管理者在听到这些抱怨时，不应该因为“事不关己”而“高高挂起”。相反，他们应该更多地深入了解员工抱怨的真正目标和原因，从而找到背后更加深层次的心理原因。

**● 对沉默的员工加以引导**

团队中不乏那种“沉默无语”的员工。经验不足的人力资源管理者有可能忽视这些员工，但真正优秀的人力资源管理者知道，往往越是沉默的员工在另一种场合越是能够发挥对团队的影响，而其表面的沉默有可能正是其看待工作、岗位或者团队出发点的心理问题。因此，不妨关注那些沉默的员工，提出问题请他们回答，积极寻找同他们沟通交流的机会。

## 身体语言透露真实想法

肢体语言是无声的沟通。

肢体语言，顾名思义，就是有别于一般意义上的语言的一种团队内语言。一般意义上的语言，其组成的基础是字和词语，而肢体语言则不需要用口述的字词加以表达，也不需要用书写的语言加以表达。虽然如此，肢体语言一样可以透露出员工的真实想法。

肢体语言，在人力资源管理的信息沟通中，发挥着重要的作用，值得每个人力资源管理者予以充分重视。

美国著名的心理学者雷·L. 博德惠斯泽尔曾经研究过，在两个人进行交往互动的场合中，有 65% 的思想含义，是通过非言语沟通方式传递的。其中，绝大多数非言语沟通方式又是他们的肢体语言。

另外一位著名的心理学者艾伯特·梅尔比则提出这样的观点，在交谈中，双方的相互理解程度，等于 38% 左右的语调成分，加上 55% 的表情成分和 7% 的语言成分。

与此同时，英国的著名心理学者 M. 阿盖尔则将肢体语言的作用概括为三个不同的方面：首先是能够处理和影响直接的团队内部沟通；二是能够辅助言语的沟通；三是在必要情况下取代言语沟通。可见，肢体语言沟通，是团队内人力资源管理中不可缺少的沟通手段。

当然，肢体语言本身是复杂的，也是可以进行分类的。根据人力资源管理过程中管理者和员工在沟通中表达出的不同特点，可以将肢体语言划分成为以下三种类型：

- **动态但无声的肢体语言**

在这种肢体语言中，员工可以通过无声的肢体语言，来进行思想和感情的沟通。但是，这种肢体语言是动态的，比如，手势的具体动作、运动的身体姿态、活动的面部表情、触碰动作、眼神方向等。这些肢体语言，都可以传递出他们的心理信号，能够促进管理者和被管理者相互之间的认识和理解。

- **静止但无声的肢体语言**

静止无声的肢体语言，可以通过无声的静止姿态来表现员工的思想情绪。其中，包括员工所表现出来的静止姿态、人际距离以及对时间做出的安排和对空间进行的布置。这些因素都能够传递出对方的具体思想情感。比如，在管理者和员工的对话中，员工的坐姿较浅，显得比较拘束。那么，他很可能是内心存有某种疑惑或者精神紧张。

● **辅助性或接近语言的肢体语言**

声音除了表达语义之外，还有音调变化、音量大小和变音、停顿与沉默等特征，而肢体语言，则包括叹息、哼、叹气等，在人力资源管理过程中，辅助性或接近语言的肢体语言也经常能够看到。抓住这些语言，就能更好地看到那些并没有通过语言表现出来的员工心理。

● **熟悉不同的肢体语言信息**

无论在面试过程中，还是在团队交谈的过程中，求职者或员工都会不自觉地做出一些肢体语言。而管理者必须对这些肢体语言充分熟悉，才能读懂其背后的含义。例如，主动视线接触，代表友好和真诚、自信和果断；回避目光接触，代表冷漠或者紧张；主动摇头，代表否定或不赞同；主动微笑，代表理解、支持；等等。只有在日常工作或者学习中对这些动作细节有充分了解，形成储备充足的“肢体语言”信息库，管理者才能在第一时间明白对方的心理活动。

● **注意把握肢体语言的规律**

虽然员工和管理者之间的思想和态度较为复杂多变，但是，体现在肢体语言上，也存在着一定的规律性。人力资源管理者应该学会自觉地学习、把握和体现这些规律。例如，在沟通时双方身体距离的远近表现了员工之间、员工和管理者之间的亲疏关系。

● **注意自身的肢体语言流露**

一方面，人力资源管理者应该注意观察员工或求职者的肢体语言，另一方面，他们也应该注意自身的肢体语言表达。例如，管理者应该注意自身的手势、坐姿，不应在沟通过程中给对方带来不易交流的傲慢感或疏远感。又如，管理者应该把握好自身的“类语言”，即谈话中的音量、音色、语速、语调等。频繁的叹气或者语调提高，都并不适合正常的交流沟通。

# 背景调查了解心路历程

用背景调查真正看懂员工。

在人力资源的管理过程中，不论是招聘还是团队领导，人力资源管理者都应该做到全面审查对方的所有背景资料。这样，不仅利于挑选出合适的候选者，同时还利于通过背景调查来更好地了解员工的心理需求。这是因为，企业组织并非单独存在的，而是处于复杂和延续的社会环境中，这样的现实决定了企业不可避免地会受到种种背景因素如经济、技术、社会、政治、法律、伦理等方面的影响，而关注这些背景因素在员工身上的作用和体现，则是做好人力资源管理工作的重要保证。

一家企业决定选择一名新的销售业务部门主管，他们挑选了两名不同的候选者。从业绩上和能力上来看，两个人的水平表现不相上下。

其中，第一位候选者出生于四川省某县一个比较偏远的小镇，她的家庭长期居住在那里，祖父则是当年从上海支援内地建设来到这个小镇的，而父母则因为时代原因没有上过大学。但是，她的父母通过自学，具备了一定的文化修养，在当地的政府和国企工作，能跟上时代的前进步伐。为了走出这个“小地方”，父母一直鼓励她努力学习，因此，她从小到大学习成绩都很优秀，还是学校里学生会干部成员。毕业后，她考到西安一所著名的大学，学习商务英语专业，以优异成绩毕业后在一家公司工作，拥有良好的工作记录。

第二位候选人曾经和她是同事。他出生在苏州的城市中心地区，父母都是复旦大学的毕业生，而祖父则是退伍军官。不过，他和父母见面机会并不多，因为父母考上大学后各自忙于学业，由祖父安排了保姆来照看他。因此，并没有得到父母太多的呵护。因此，他在长大后多少显得性情内向、喜欢独处，而不喜欢参加集体活动。当然，由于有这样的家庭和教育，许多人都看好他，之后进入复旦公共关系专业学习，在校期间显得传统而平稳，没有参与过任何社会活动。毕业后，他直接进入了这家公司，现在已经为公司工作将近十年了，拥有良好的工作记录。

观察完这两人的履历，我和该公司的人力资源管理者又观察了目前需要他们管理的业务团队。很明显，这是一个以年轻人为主的团队，目前，这个团队的业绩还不错，但是缺乏一些团结协作意识。表现在工作环境中，就是业务团队内部不同人员之间的相互配合比较少，而相互误会则较多，往往过分看重自身的利益，缺少整体利益感，彼此心理上存在提防心理。在对这样的情况加以了解，并对两人的背景进行分析后，我们认为，相比之下，第一位候选者的性格特点更适合管理好这个团队。事实证明，她成为业务团队的主管后，很快凭借其经历的厚度和性格的魅力成了团队的稳定核心。

显然，员工并非单独存在的个体，而是由一定的背景所塑造成的独特个性一员。在人力资源管理的过程中，势必会牵涉到不同员工的评价、比较和挑选，就必须对不同人的社会背景做出详细考察。否则，不仅无法更加详细地了解员工，也很难保证员工在团队中能够得到适合的职位，更难得到管理手段的有效激励。

**● 通过了解背景，看到社会关系对员工的心理影响**

每个员工必然同整个社会有着不同的联系，而这些联系则一定会影响到员工的心理状态。因此，通过管理者对员工背景的分析，其家庭、教育等背景能够展现出他们目前特点的形成原因，并预示其今后心理成长的方向。

**● 先了解背景，再看懂文化修养**

一个人的文化修养会影响他对周围环境、人生追求和工作团队的看法。而文化修养又并非完全由教育背景所决定，也会受到家庭氛围、成长经历的影响。因此，对员工背景的观察，也是综合判定对方是否具有应有的文化修养去担任合适工作角色的过程。正是通过其详细的背景分析，我们才能观察出一个员工的具体文化修养如何。

**● 对员工的背景了解，还能够观察总结出思维倾向**

员工的思维倾向，和其背景有着充分关联。例如，一个从艰苦条件下走上职场的人，更多会使用积极、扩张型的外向型思维；反之，一个事事顺利的人，则很容易表现得较为自我和防卫的思维。员工的思维倾向，并不一定是通过心理测验获得的，更需要通过对其实际生活经历的分析而加以明确。

具体来说，在员工的背景经历中，人力资源管理者需要关注的有以下几点：

**● 学习经历是影响员工心理的重要方面**

员工在其高中到大学的学习经历会影响到之后的生活目标和职业观点。例如，在上学期间其压力是否大、目标是否足够明确、竞争是否激烈等，会影响员工对待工作的态度，同时很可能影响他看待今后工作的观点。

因此，人力资源管理者首先应该观察员工或求职者的学习成长经历。

- **了解工作跳槽的动机和原因**

如果员工之前有过工作跳槽经验，那么，这样的跳槽经历显然会影响他对下一步工作的看法。管理者应该分析对方之所以跳槽的原因，包括是否在金钱上有更高要求、是否对自己的职业有更多期待，又或者是否遭到原上司的不公正对待、同事的不良竞争等，这些方面很可能造成员工对新工作环境的期待或者回避。

- **结合员工背景进行管理中的激励**

心理学原理证明，一个人很容易对自己经历过的事情在心理上留下深刻印象，并对再次碰见的同类型事情产生积极或消极反应。因此，人力资源管理者应该结合不同员工的不同特点，进行管理中的激励。例如，利用员工背景中所缺乏的奖励形式给员工带来更大动力，或者利用其背景中并没有得到明确的目标加以鼓励等。

## 工作模拟预测未来绩效

员工未来绩效如何，请参考工作模拟测试。

俗话说，“养兵千日，用兵一时”，一个企业组织招聘人才或者挑选员工，最终的目的是为了能够在工作中获得优秀的人力资源，能够展现出良好的工作成效。任何一家企业都希望在人力资源的高效管理下，员工团队创造出的业绩会不断上升。因此，企业的人力资源管理者除了运用不同的手段来观测员工的心理和能力外，还应该通过模拟工作形式的测试，来有效预测未来的工作绩效。

W公司是一家生产汽车配件的企业。在2007年左右，该企业就精准地预测到了对目前劳动力开始短缺的状况。为了能够确保在今后的发展中拥有足够的技术员工，使得企业能够不断得到发展，该企业高层制定了一项人事政策，计划将来每年在技术开发领域为新员工提供30个培训的岗位。另外，为了应对由于员工年龄或跳槽问题出现的退休和离职情况，企业决定根据工作的要求，每年招募一些技术员工，从而保证生产的连续性，而招募的对象，正是要从那30个经过培训的岗位中挑选。

由于高层考虑到培训费用所需要支付的成本，企业要求人力资源主管设计出相对应的模拟测试，从而进一步为企业进行长期的培训做出准备，保证进入培训的都是合格的工作人选。为此，该企业人力资源主管专门对候选人员的聘用材料进行了调查。接着，人力资源主管又将评价重点设立在候选者对新技能掌握的可能性上，他联系其他部门，参观了他们的“培训测试”，即让所有希望接受培训的应聘者，进行一项模拟工作。之后，马上对这些人员完成这项模拟工作的情况进行综合评价。

实践表明，这种简洁而有效的测试，让其他企业的人力资源主管的工作也从中受益匪浅。而该人力资源主管发现，这种模拟工作和培训测试，无论在挑选技术或者非技术员工方面，都具有相当优秀的效果。随着工作的开展，人力资源主管找到了我，并邀请我为他们的间隙计划设计培训测试，并设计出相应的工作模拟测试。我提供的测试一共有五个步骤过程，由于涉及对工作任务的分析，我与在职的相关指导和管理人员进行了测试不同标准的商讨。

测试过程中，共有80名新员工参加了模拟工作的测试，他们被分成2～3组，参加了进一步的测试。结果表明，在接受测试之后，一些参加应聘的新员工由于发现自己并不能够胜任这样的工作，无法获得预测的业绩，就选择退出了继续培训的过程。而留下的应聘者，则根据其在模拟工作的过程中所获得的评分进行了排序，而这些人员当中，最终确定的前30名获得了培训的机会。

W公司的例子说明，进行工作模拟测试，为人力资源的管理提供了一种相对有效的选人方法。而工作模拟测试的重要性，也在这样的案例中不言而喻地获得了充分表现。

**● 工作模拟测试，包括了对工作基本心态的观察**

在这种模拟测试中，人力资源管理者对已经掌握了一定程度工作技能的人员进行心态上的测试，主要观察他们在工作中表现出来的经验、学习能力和心态成熟度。由此，管理者能够明确挑选的对象。

**● 工作模拟测试，包括对学习心态的观察**

在这部分的模拟测试中，人力资源管理者还可以专门对缺乏工作经验、不具备工作技能的候选人进行测试，主要观察他们是否具备足够的学习心态，并进而能够将其转换成为学习能力。

**● 缺乏工作模拟测试，会加大企业业绩的不确定性**

应该承认，一些企业并没有进行上述工作模拟测试，但依然取得了一定的团队工作业绩。然而，正是由于人力资源管理者没有进行工作模拟测试，因此，无法确保经过挑选的团队成员能够充分适应工作实际从而取得良好的业绩并不断进步。

当然，工作模拟测试是整个测试流程中最复杂且不易把握的环节，因此，管理者更应该认识到任务的艰难并加以全面的把握。

**● 工作模拟测试应该覆盖不同的系统**

工作模拟测试应该对下列系统全面覆盖：首先是心理测试，这里的心理测试应该确保是为了实现工作目标而进行的心理素质考验；其次是和工作有关的信息，即用来检验候选者对现有工作在认知层面的了解；再次是个人和条件的决策，在不同的情况下，人力资源管理者应该根据具体要求和工作发展前景，对候选者可能在工作中遇到的情况进行充分的模拟体现，从而对他们面对类似情况时是否有足够的决策能力进行检验。

**● 工作模拟测试应该群体化进行**

在大多数情况下，工作模拟测试应该通过分组，确保随机情况下的不同候选者集中在一起，共同进行某一项工作任务。之后，人力资源管理者应该根据每个候选者在其中做出的实际贡献，对其表现出的心理掌控能力和实际心态做出有效的评价。实际上，这样的评价也是对其潜在管理能力进行的评价。

**● 工作模拟测试的开发**

工作模拟测试的开发，其过程是直接的，同时也是不断发展的。首先，管理者应该完成工作分析，继而取得工作模拟测试构成的不同要素。因此，这需要人力资源管理者明确某一项工作的具体行为模式，并以此为标准，有效区分候选者在模拟测试中表现出来的绩效优劣。另外，管理者还应该安排指导工作者和监督工作者对候选者的行为进行更多复核。例如，将复核清单项目编成书面文件，从而保证权威性；或者将工作进行更加精确的说明，从而找到正确的工作顺序。这些方法能够保证提高测试的有效性。

# Chapter7.

# 学习给心补充能量

## ——从心管理之培训开发

# 分析学习需求规划培训

培训的规划从心理需求开始。

人力资源是企业组织最基本的资源。人才是员工队伍的骨干，是事业发展的基础，而人力资源主要也就是指员工的智慧或者能力。显然，当智慧和能力得到了有效的开发之后，人力资源才能有效提高。这种提高对于一个企业来说，具有相当重要的意义。

正因为如此，企业中的人力资源管理应该重视培训、教育，通过这样的手段，对企业中不同层次的员工素质加以提高，从而获得对人力资源的有效开发。而培训所取得的效果高低，也同培训开始之前进行的规划效果有关系。

对人力资源管理中培训内容所存在的问题总结来看，目前，绝大多数企业的人力资源管理并非不重视培训，而是不知道如何重视培训，从而缺乏对培训的正确规划。在当前企业的培训规划中，不少人力资源管理者会或多或少地由于下面几种认识误区而做出错误的规划：

第一种，缺乏规划，只追求流行。

一些企业的人力资源管理者喜欢盲目地追赶流行课程，因此，缺乏对培训内容的有效选择。他们的规划基本上受到媒体热点的引导炒作。例如，当市场上开始广泛推广整合营销的时候，人力资源管理者就开始忙碌着为营销团队组织“整合营销培训”；当网络上开始流行电子商务，人力资源管理者马上又开始搞起“电商前景研讨”等。

第二种，企业效益好，培训可以不用太重视。

一些人力资源管理者受到企业高层管理者的影响，认为企业效益好的时候并不需要什么培训，培训必须是解决现有问题的方法。但实际上，培训并不仅仅是头疼医头脚疼医脚的方法，同时也是一种面向未来的投资。因此，在企业经济效益好的时候没有认真规划培训，显然是一种短视的行为。

第三种，很少对高层管理者进行培训。

由于一些企业的高层管理者认为，培训都是针对基层的普通员工和管理者进行的，作为高层管理者却并不需要培训。而不少人力资源管理者也跟风地认为，这些企业高层管理者本来工作就很忙，而且工作经验也很丰富，何况本来就是经过实际工作考验的人才，也就很少予以主动地培训规划了。但实际上，高层管理者同样也需要更新自身的知识，改变自身的观念。

第四种，规划过程中对培训投入了过高的期待。

一些企业的高层管理者过于重视培训，希望培训能够产生良好的效果。然而，当人力资源管理者也具备了这样不切实际的想法后，就会影响到规划原有的实际基础。导致人力资源管理者很少愿意花长时间和大力气去培训员工或管理人员，总是觉得没有时间和精力，而是希望用几天的培训时间就能够让他们发生根本的变化，将培训看成灵丹妙药。这样的培训规划当然是一种空中楼阁。

第五种，培训工作成为形式。

和上面相反，一些人力资源管理者对培训进行规划时，迎合的是企业高层“面子”的需要。因此，他们并不进行真正有效的规划，而是盲目追求“证书”，例如各种国内外的MBA培训班、各种课程培训等，而人力资源管理者自己则除了不断地寻找这些培训课题加以确定和拿到证书进行分发之外，没有做出其他规划。这样的培训工作显然缺乏系统性。

总之，上述种种培训规划中的问题，体现出企业中人力资源管理对培训规划的忽视，尤其体现出对于培训规划背后员工心理需求的忽视。实际上，培训并不仅仅是为了让员工能够更好地胜任现有工作，适应未来工作，还是为了进一步增强员工个人的综合竞争力，以便加强组织自身的竞争力，从而为企业在现有和未来的竞争中获得优势。

具体来说，人力资源管理者对企业培训的规划应该有如下出发点：

- **满足员工对知识技能的心理需求**

知识和技能不仅能够帮助员工更好地完成工作、掌握信息，同时，还能给他们的工作带来良好的安全感。因此，培训无疑可以成为这样的最佳途径，同时满足员工对工作安全感的需要。

- **提高员工对工作的积极性**

为员工进行准确的规划，能够满足员工自身职业发展的需要。这是因为，符合员工心理需求的培训，有助于提高员工看待培训的积极性，同时因为培训提高了员工的工作能力和工作水平，能够带来良好业绩，也使得其产生成就感，进而激发出工作热情。

- **减少员工因为心理波动的流动**

不少员工——尤其是那些优秀的员工——经常有可能因为感到自身发展受到限制，而产生心理上的波动，进而因此离开企业。然而，如果人力资源管理者能够通过对其心理的准确把握，进而通过有效规划培训内容，就能够减少他们的心理波动，使这样的问题得到有效缓解。

在规划培训计划之前，人力资源管理者应该看重员工对于培训的感受，站在他们的心理需求上设计培训计划。因此，培训计划应该充分平衡员工个人的目标和组织的集体目标，这样，不仅能够对员工个人发展有充分裨益，最终也能促使组织实现集体目标，通过培训而获得双赢。

对培训的规划，可以从以下几种类型出发：

- **保证培训的目标明确**

只有培训目标充分明确，培训才能得到最好的效果。因此，在培训规划过程中，人力资源管理者不仅要规划目标，还应该考虑到培训目标的明确性。不管是总体目标还是阶段目标，不管是整体目标还是具体目标，都要明确落实到每个员工的培训学习任务上。

- **让培训学习和实践操作相结合**

只有在实践操作中不断练习，培训内容中所教会的知识和技能才可以获得灵活自如地使用。因此，有效的培训应该包含充分的实践机会，通过实践操作，让培训中的行为获得强调，而实践本身的条件也要和培训过程中强调的情境相同或者相似。

- **对培训的系统控制加以规划**

对培训的规划还应该包括系统控制方面的规划。这是因为培训本身是一个整体系统，人力资源管理者的规划应该包括对培训需求、目标、课程、人员、实施过程和结果转换等一系列进程的规划。这样，才能保证培训在运作中顺利进展，效果明显。

# 开发课程解决心理问题

好课程是有效解决心理问题的助推器。

人力资源管理的培训，可以为员工的心理问题提供解决的渠道。在这样的渠道中，企业能够为员工设置出一套系统和长期的培训乃至支持项目。而在这样的项目中，专业人员会通过对组织的培训、对员工的建议和专业指导、咨询等，帮助员工乃至其家庭成员解决各种心理问题。

这样的培训课程，实际上早就获得了充分的开发，并在国际大企业中有着充分广泛的使用。

EAP，中文意思是员工帮助计划，也可以称为员工心理培训项目、员工心理管理技术。这种类型的培训课程，实际上最早是为了解决19世纪西方工人饮酒习惯的问题。当时，工人在上班时间饮酒是一种相当普遍的现象，在美国南部，工人们在工作休息时出去喝几杯酒很正常，甚至酒钱还是雇主来支付的。当这种文化开始蔓延到越来越多的企业并形成习惯后，雇主们发现，酒精让员工工作效率降低、工作失误增多，他们终于开始试图帮助员工从心理上戒酒来改变他们的工作习惯。1935年，EAP的前身成立，一些专业人士开始突破戒酒问题，而着力改变员工的心理状况，让他们通过培训获得更好的心理健康状态，从而远离酒精。随着历史的发展，这样的活动逐渐成为今天的EAP。

类似EAP这种对员工的心理培训是相当重要的，据美国专业管理机构的一项研究表明，企业每为这样的课程投入1美元，就能够为企业带来运营成本5～16美元的节约。

比如，台湾康师傅食品公司原先并不是今天这样影响力相当大的企业，在其高速扩张的进程中，曾经多次遇到重大挫折。之所以能够多次经历危险而没有失败，关键在于该企业对员工的职业安全心理相当看重。该企业通过积极的心理培训，塑造员工的“职业安全感”。为此，该企业的培训内容不仅仅只是暂时的技能教育，而是影响员工心理的终身受益的发展性培训。这样，即使在经济不景气的情况下，康师傅企业的员工依然能够得到充分从容的应对。

随着目前国内企业对人力资源管理的重视，势必会吸引越来越多的管理者对心理培训课程的重视。而之所以还有不少企业没有开展这样的课程，主要有下面这些原因：

- **受制于传统文化、观念短板或者意识差异**

中国员工由于受到传统文化、观念或者意识的约束，还并不习惯于向培训师或者管理者公开自己的心理感受，同样也不习惯采取心理学层面探讨的方式来获得培训和咨询。这样,人力资源管理者往往也就找到“借口”,不愿去提倡进行这样的培训。

- **受到个人隐私保护条件的限制**

由于以心理内容为主的培训，势必牵涉到员工个人隐私的服务，必须建立在培训机构、企业人力资源管理者和员工三方面相互信任基础上。这样，无形中加大了实际课程开展的难度。

- **缺乏评估效果的耐心**

同时，在具体的操作中，不论任何企业，对心理培训课程的评估都需要一个较为长期的过程，同时，也需要对所有员工的不同资料进行较为系统的积累。因此，人力资源管理者经常为了培训所体现出的“效率”而放弃了选择的耐心。

虽然如此，但对员工的心理培训依然不可忽视，而是要加以重点考虑和选择。只有通过关注员工的心理问题，才能帮助员工在纷繁复杂的工作问题中得到心理上的解脱，能够自我管理和减轻工作压力，获得心理健康。

人力资源管理者可以通过下面的方法来开展心理内容为主的培训：

- **选择由浅入深的心理培训**

关于员工心理问题的培训，不需要一开始就较为深入，而是应该重在先让员工心态得到调适，继而其心智模式得到充分改善，从而提升自己的意志品质、开发自身的潜能。人力资源管理者可以先选择一些较为简单的心理培训如职业观、职业生涯观、心理健康维护等，然后再进入压力管理、员工心理等。这样，员工对心理培训过程就会更加主动和适应。

- **提供不同形式的培训反馈模式**

同一般培训形式不同，主要解决心理问题的培训可以采用不同的方式进行反馈。例如，热线咨询反馈、网上沟通、个人面谈等，解决员工的心理困扰，使得他们在培训之后还能获得对自己更加实用的方法，解决好自己的心理问题，获得更好的状态。

- **选择专业的心理学培训师**

人力资源管理者虽然具备基础心理学知识，但专业心理学培训师更能够采用专业培训方法去帮助员工进行自我评估，同时化解自我心理压力。因此，人力资源管理者应该学会寻找和选择那些专业的培训师来为员工、团队或者个体进行授课讲解，而并非任意挑选授课者。

## 遵守规律的学习更高效

让培训更加富有规律，让学习更加高效。

通过对工作人员的培训，建立有效的工作制度、平衡员工的工作心理，能够获得人力资源平稳发展的必要条件。因此，在培训规划和培训实施中，参加培训的员工是否能够得到有效的规律学习，将能够影响到他们在培训之后参加的日常生产和具体操作的质量。因此，人力资源管理者必须要保证培训不仅遵守表面上的时间规律、频度规律，同时也要确保培训符合员工的心理规律和学习规律。

心理学中，学习的含义为：一种因经验而产生的持续的行为改变。正因为如此，培训的基础是一种学习，无论人力资源管理者设计的关于培训的具体目的和内容如何，其成功的基本前提，就是培训过程中尊重了学习规律。

虽然培训者或者人力资源管理者关注的范围的确包括培训怎样才能得到收益，即培训结果如何在工作中转化为实际利润。但在实际上，只有在培训过程中让受训者真正获得相应的知识和技能，才能考虑培训所带来的经济效益。因此，培训想要获得应有的经济效果，必须对那些因素会影响培训者学习的过程、结果加以规律性的把握。

下面的一些心理学理论可以让培训中的学习更有规律性：

学习的联结理论，由20世纪初的美国心理学家桑德可创立，后来又经过行为主义心理学家华生、斯金纳等人的不断发展。该理论强调，学习是一种在刺激和反应之间建立新联结的行为。通过有效学习，能够让一种刺激迅速引起某种反应。例如，尝试—错误学习理论、条件反射理论和操作性条件反射理论，都是这种理论的分支。

学习的认知理论，强调在刺激和反应的过程本身，即刺激是如何引起反应的，更加强调对学习个体自身能动性的研究。这种理论认为，学习并非习惯，而是一种认知，即学习者在了解情境和理解情境的不同刺激之后所获得的学习认知。例如，格式塔学习理论、托尔曼的认知学习理论、布鲁纳认知结构学习理论、奥苏贝尔的认知结构同化理论和建构主义学习理论等。

另外，社会学习理论也值得在培训中作为一项规律进行把握。该理论认为，人类的许多学习，都来自于观察他人的行为、评估他人面对的结果而完成。因此，展现一个具体的榜样示范进行观察学习，能够让学习者更容易产生应有的行为结果。

不论具体应用到怎样的规律，对员工的培训，其本质就是对员工学习过程的引导。因此，人力资源管理者和培训者都应该充分了解和掌握心理学的学习理论，对员工的心理特点做到充分了解，去探索和总结他们学习的特点与规律，从而将成果运用到员工培训的实际过程中。这样，才能不断提高培训效益、提升培训效果、产生重要的意义。

**● 掌握学习规律，能提升培训效率**

无数实践证明，只有掌握学习规律，员工的学习效率才能提高。由此，培训效果转化成为工作业绩的速度也会加快。可以说，是否能在培训中顺应学习规律，决定了培训产生效益的效率高低，也决定了企业高层对培训评价的高低。

**● 忽视学习规律，导致员工兴趣降低**

与此相反，正因为不少企业的员工培训忽视了学习规律，导致员工一提到培训就感到兴趣索然，甚至想方设法回避培训。实际上，真正效果出色的培训因为符合了学习规律，尊重了参加培训员工的心理需要，能够让他们得到很好收益，并不会导致员工兴趣缺失。

**● 让学习规律产生更多延伸作用**

心理学家研究，对学习规律的良好把握，也能影响到人们的工作习惯和态度。因此，在培训中利用学习规律打造员工的良好习惯和态度，也能延伸到他们此后的工作中去，从而创造更多的价值。

在培训的设计和实施过程中，人力资源管理者应该考虑的主要问题是怎样利用学习规律来获得学习实质的成效发生。对此，有以下关键问题需要重点把握：

**● 根据学习规律设计培训方法**

在这个步骤中，需要认真分析培训需求、结果和目的，从中确定为达到这些目的而应该采取的方法和具体步骤。

**● 根据学习特点，增强培训效果**

根据员工的不同学习特点，去改变培训中的不同因素。其中主要包括员工在培训之前的准备状态、学习动机等。比如，员工的知识水平、学习水平和动机水平是否符合学习规律，是否应该加以改进等。

**● 根据学习规律，加快迁移效率**

利用好学习中的迁移规律，使得学习结果能够更快更好地在工作中得到应用。比如，利用工作环境气氛的改变、上级的支持、足够的资源提供、尽可能减少限制因素等做到加快迁移速度，增强培训效果。

# 上课技巧让人乐学乐思

好的授课能够吸引更多员工。

企业培训的具体形式固然是多样化的。因此，为了达到培训目的，其过程、特点可以有着各自的不同。但另一方面，培训中的教学方式也值得注意，有必要符合人力资源管理中员工表现出的心理特征。除了运用传统的教学方法之外，还应该注重通过培训师提供的更多上课技巧，抓住员工的学习心理，提高他们的学习兴趣，最终带来培训水平的提高。

下面的一些上课技巧能够很好地让员工将注意力集中在培训过程中：

第一种，对工作步骤的具体指导。从员工的心理出发，他们很容易对泛泛而谈的理论培训感到厌烦，即使这些内容是的确重要的，也不应该在培训一开始就密集推出，否则很容易从培训一开始就引起员工的厌烦。真正能够迅速吸引员工的是工作步骤的具体指导，如列出所有步骤的逻辑顺序、指出步骤进行的要点等。

第二种，案例分析。员工不愿意接触纸面上的理论，更重要的原因在于缺乏实际指导意义，无论从心理还是能力上，他们都很难迅速将理论转化为工作情境。因此，培训者可以提供具体案例，来引导员工进行分析和评价，通过口头讨论或者书面作业，对其中体现出的方法进行反馈和强化。

第三种，角色扮演方法。可以通过模拟出具体情境，让两个以上的员工进行互动，而培训者则担任引导、提示或者点评反馈的角色，帮助他们掌握必要的工作技能。由于这样的授课形式更加自发主动，因此往往能够迅速抓住吸引点，让员工投入到培训中来。

第四种，视听技术授课。在这种上课方法中，采取事先制作完成的视觉材料，让接受培训的员工通过观看视频等材料，获得直观的知识或能力。例如，展示具体的工作步骤、难以通过语言进行准确详细的描述等。这种方法直观形象，能够展示细节，因此容易让受训员工具体记忆下来，并产生视觉上的联想。

第五种，游戏类型授课。游戏是指在上课过程中，一些经过精心设计的、能够和管理员工团队的工作相互紧密关联的活动。这类游戏因为表现出良好的工作性，展现了培训内容和技能，因此是一种较好的培训方法。

在培训过程中，人力资源管理者应该意识到，今天的员工除了看重培训内容，同时也越来越看重培训师的授课技巧和能力。因此，培训师应该不断丰富自身讲课的风格和角度，打造出为更多员工所接受的授课方法。同时，良好的授课方法，也能够为参加培训的员工带来更好的学习感受和心理态度。

● **提升授课技巧，可以提升员工的思考空间**

良好的教学方法，能够让员工在培训中看到更多可能性。这些可能性无疑能拓展员工思考的空间。因此，不仅仅在授课过程中，而且直到培训结束之后，员工获得的思考空间都将能得到持续拓展。

● **缺乏上课技巧的培训显得单一乏味**

培训本身是具备一定压力的，这些压力和员工的工作压力结合起来，会让员工感到自身的不足。而如果通过上课技巧的使用，培训将会显得较为形式多样，从而保证员工不会感到太过单一，也能保持用正面情绪来看待自身不足。

● **授课技巧本身可以给员工启示**

培训过程中的上课技巧，同样也是一种沟通技巧，而在团队协作、客户服务乃至营销工作中，这样的技巧也同样有使用的价值。因此，采用不同的技巧授课，其本身也能够给员工以启示，学会怎样更好地沟通交流。

为了让授课技巧能够得到更好的展现，人力资源管理者还应该和培训师从以下几个方面加强交流协作，以便取得良好的培训效果：

● **创造良好的培训环境**

让人心情舒畅的培训环境，能够让培训者和被培训者都能获得良好的状态，也便于使用不同的授课技巧。因此，人力资源管理者应该选择那些明亮、宽敞、舒适和安静的会议室来作为培训环境，从而便于培训过程中产生良好的授课互动。

● **综合使用不同的授课方法**

不论哪种授课方法，单一使用时既会发挥其优势，也会产生具体的缺陷。因此，人力资源管理者应该用充满变化的眼光、结合具体的培训对象和意图，从而选择出最适当的授课方法加以结合，做到互相补充，而并非固守同一种方法。

● **使用全面的培训工具**

良好的培训授课技巧还应该结合不同的培训工具。例如，培训手册可以将授课技巧延伸到日常工作中，利用计算机软件教学能够更加直观等。针对不同情况去选择不同的培训工具，那么，培训方法也就会变得更加生动和有意义。

# 课程内容突出实用实效

好的课程内容才能有效影响员工。

目前，对员工在培训中加入更多实用实效的心理培训，已经越来越受到企业的重视。这是因为良好的心理教育、疏导和训练，能够有效增强员工的意志力、自信心，带来良好的抗压能力和自控能力。不仅如此，员工对团队的认识也会进一步加深，并表现出良好的创新和贡献意识。

具体来说，人力资源管理者可以在课程中融入更多下列具备实效的培训内容：

团队精神培训——通过集体活动的培训，能够使得参训者在共同生活、学习和协同解决问题的过程中，加强对团队的认识，从而提高整个团队的凝聚力。在这种培训中，可以不用对参训者的职位做出太多限制，员工和管理者都能够同时进行团队精神培训。而一些新员工入职培训也可以引入这样的课程，作为岗前培训的一部分，具体的形式还包括挑战训练、团队组织训练、团队学习训练等。

情绪管理培训——以人数较少的小组方式进行，一般来说，每组人数不超过15～20人较好。在这样的培训中，应该首先让受训者了解情商概念、看重情商的重要性，此后教授情绪管理的技巧，并帮助受训者学会如何将这些技巧运用于实践工作中。另外，情绪管理培训内容应该能够为员工的实际工作提供足够的实践支持，而不仅仅是一蹴而就，需要在实践工作中不断反复地反馈和强化。

压力管理培训——这方面的培训内容应该是教授员工采取不同的方式去应对压力，例如认知重新建构、行为方式矫正、自我对话等方法。还包括可以直接对压力进行消解放松的技能，如深呼吸、冥想、肌肉放松等。

组织沟通培训——无论具体何种工作，都需要在组织内部进行操作和实践。因此，组织沟通的培训对于员工的心理和能力的形成有着重要的实用意义。培训者应该首先教会员工懂得沟通本身的意义、作用、技巧，帮助员工理解沟通的重要意义，明确沟通中可能存在的问题，寻找改进的思路和技巧。其次，要帮助员工在实践中使用培训所学到的理论和方法，找到自身最合适的沟通方式，从而在课程中获得不断提高的沟通能力。

自我管理培训——这是所有培训课程最终应该涉及的课程内容，也是较为高级的培训课程。因为一切培训课程的结果，都需要通过自我管理的步骤最终影响到员工的工作状态。因此，培训课程应该融入自我认知、自我管理、自我超越的内容并加以对应的方法训练，保证员工从中有良好学习收益。

课程内容是否实用，将会在培训结果中予以充分体现。当员工能够从课程中得到更好的收获时，他们将能对人力资源管理产生更大的期待，并在培训中表现出更多的配合。因此，只有在选择和设计课程中能够从实际出发，才能让培训发挥更多的价值、产生更多的推动力。

**● 课程的实用性能促进个人和组织的连接**

对于员工的培训，不应只是一味采用个体学习的方式，而应该更多沿用团队和组织的共同学习模式。而只有让课程具备了更多对于个人和组织都能产生价值的意义，才能让员工个体同整个企业的联系更加紧密。

● **课程的实用性能够对培训进行有效创新**

通过增强课程的实用性，能够做到对培训的有效创新。不少企业通过培训中课程的改变，做到了从传统的课堂式培训到体验式培训的创新和改变。但是，一些人力资源管理者并没有看到课程实用性和创新性之间的联系，导致培训的效果大打折扣，投入和参与度也会大打折扣。

● **实用性的培训课程更符合心理学原理**

员工培训，实际上是受训者的学习过程。因此，只有通过适当地选择培训课程，让课程更多地符合员工的利益，产生实际效果，就能够对员工的心理产生更好的作用。因此，拥有更加实用性的课程，能够让培训课程更好地体现出其心理层面的作用和意义。

人力资源管理者对课程的设置一定要科学，根据不同的培训对象、培训时间和培训目的，进行灵活变化，产生实际效果。另外，人力资源管理者对课程的设置也应该考虑到教学内容本身的难度，同时按照以下原则进行：

● **由浅入深，循序渐进**

培训中的课程难度设置应该合理，人力资源管理者在考虑培训内容时，应该首先将课程中较为简单的部分放在培训初期，而将课程中较为复杂的放在培训后期。通这样的教学规律，能够更好地展现出课程的实用性。

● **因材施教原则**

虽然不少培训课程内容本身具备充分的实用性和有效性，但并非所有接受培训的员工都能够接受。因此，人力资源管理者应该根据受训对象的接受能力设置课程内容，从而在心理和实际效果上符合因材施教的原则。

● **联系企业的实际**

对于员工来说，其个人职业发展的需要应有不同的实际课程加以支撑。

但另一方面，人力资源管理者对课程的选择还应该考虑到企业的实际需要，例如，企业在不同部门中需要的人才、企业的主营业务等，并根据其实际情况来设计课程。

## 评估培训效果总结经验

培训效果只有在评估后才能转化为经验。

训评估，不仅要在培训结束后进行，同时也应该在培训过程中加以进行。这是因为经常性的评估，能够大大降低培训的风险。同样，如果在培训过程中进行积极的评估，将能做到随时对培训者心理有充分的了解，并对培训工作随时做出必要调整，将培训工作做到更好。

培训的效果评估，应该做到从有效和效益两方面进行充分的评估。培训的有效性，代表培训工作对目标的实现程度；而培训的效益，则是通过判断培训工作给组织带来怎样的效益。具体来说，有下列几种方法：

第一种，模拟法。即通过制造或者利用程序和任务，从而模拟人力资源管理中培训项目所指向的活动。在模拟法中，应该尽可能营造出真实的工作环境和工作条件。实际上，这种方法不但能够在培训过程中得到使用，也能够作为评估的方法来进行具体效果的评估。

第二种，测量法。通过选择恰当的培训变量进行准确测量，能够反映出评估的效果。而所谓变项，实际上是指可以观察到的培训效果同培训现象能够联系起来的关系。选择正确的变项，就能够从正确的观察角度来描述培训的效果。

第三种，自我评估方法。受训者可以通过自我积极评估去发现在培训过程中的收益，例如，认清自身的工作经验和经历、发现自己的长处和缺点，全面了解自己的学习和工作任务，监督控制好自身的进展等。另一方面，培训者也能够通过认清受训者的个人要求是否得到满足、学习进展是否得到了更好的发展、是否得到了良好的激发等，做出自我对培训项目的评估。

培训评估，是对培训信息的处理和应用。由于培训管理者和实施者对培训过程的评价，并非只是在评估结束以后观察员工的变化才能得出，而是可以在培训过程中对不同步骤都能加以进行。因此，培训评估的意义，可以通过对培训的整个过程加以总结分析，并分为三个不同的阶段加以进行：

- **培训前的评估**

在培训前的评估，包括对培训需求进行的整体评估、培训员工心理态度的评估、心理变化和行为变化的评估、培训计划对员工心理影响的评估等。

- **培训过程中的评估**

这方面的评估，应该包括培训者的心理态度、准备工作的评估；培训学员参加培训时心理变化的评估；评估内容和形式所起到作用的评估；培训进度和效果的评估；培训环境和培训工具对员工心理影响的评估。

- **培训结束后的评估**

结束后的评估，包括培训目标达成情况对员工心理影响的评估；培训效果对整个团队或企业效益综合影响的评估；培训工作者工作业绩和心理反馈的评估等。

培训评估不仅能够为人力资源管理者提供有关培训项目的系统情况，以便他们做出正确的判断，能够具备良好的经验和方法，为培训项目选择最科学的方案。同时，采用良好的评估步骤，还能让评估得到更为科学的结果。

- **做出评估决定**

首先，通过对员工的心理、情绪、认知等状态的分析，进行评估可行性的分析。在评估开始之前，通过综合调查、讨论分析，最终确定该评估是否能够得到进行、是否有必要进行，从而有效实施评估，能够有效地防止不必要的资源浪费。其次，人力资源管理者应该通过向员工的心理影响，表达出评估的意图，并观察他们的需求从而帮助他们明确评估的目的。最后，通过必要的标准，选择评估的操作者和参与者，从而保证评估过程能够得到正确的实践。

- **评估规划**

评估规划的过程中，需要对特定的培训项目进行准确评估，选择正确的方法、模型，制定出评估的时间表，选择正确的评估过程。在这个过程中，人力资源管理者应该作为评估的决策者和管理者的角色出现，按照评估意图作为指导，并将其真正体现到评估过程中。

- **评估操作**

在这个步骤中，评估者需要对数据进行详细准确的整理和分析，同时提供出完整详细的评估报告。人力资源管理者应该学会利用语言形式或者数字结果来表达出培训的数据，而评估报告则通过对这些结果加以分析，并得出具体的报告。

# Chapter8.

## 考核激发内心动力

——从心管理之绩效管理

# 考核与管理不是一回事

绩效考核，是绩效管理的一部分。

绩效考核，是企业人力资源管理工作中的首要任务。事实上，一切人力资源管理工作,都可以看作围绕对员工工作绩效的提升而开展的。因此，绩效考核的准确性和真实性，将直接体现为绩效考核的效果，并直接关系到企业的经营效益和企业的发展前景。

因此，在开展绩效考核之前，人力资源管理者首先应该清楚绩效的概念,明确绩效考核和具体管理的不同,从而把握住自身的工作范畴和目的。

管理学上，对于绩效的定义是有着不同角度、不同出发点的。有的管理学者认为，绩效就是员工完成其职位所规定任务的具体程度；也有人认为，绩效是员工行动完成过程的好坏水平；另有观点认为，绩效就是员工利用个人的知识、能力、技术、特长等一切综合因素，通过工作行为而转化的可以量化的总体贡献。

对上述绩效观点进行分类，可以看到两种观点：第一种观点认为，绩效就是结果的表现；另一种观点认为，绩效是行动的表现。但总体来说，绩效都和员工的心理有着密不可分的关系。

D公司是一家民营金属制品企业，该企业在近年表现出生产线上员工经验不足、产品通过质检合格率较低、产品成本过高等问题。根据该企业主管业务的李总做出的指示，人力资源部门从2010年10月开始进行绩效的考核管理，并将相关考核方案的设计、实施和改进等任务一一承担下来。

由于工作繁忙、缺少时间，李总在开始绩效考核的初期曾经参加了人力资源部门主持的几次会议，后来因为种种原因就没有参与其中了，而人力资源管理者也没有去进行协调。半年后，李总发现，绩效考核并没有起到想象中的作用，企业的执行力并没有提升，而员工却出现了不少让人意想不到的问题。例如，由于绩效考核出现的一些不均现象，员工的积极性降低了、企业的凝聚力和文化混乱，上下级之间也经常发生冲突。李总为这些情况找到了人力资源总监，但总监自己也觉得奇怪：为什么看起来应该有效的绩效考核，在本企业中却难以发挥出应有的作用？

不论是企业高层，或者是人力资源管理者本人，常常有这样的看法：绩效考核就是人力资源管理的工作，甚至是人力资源主要的工作。因此，绩效考核“理所当然”应该由人力资源部门来做。在这样的思维下，企业高层管理者只是负责做出绩效考核的指示，而剩下的管理工作全部都交给人力资源部门操作，做的结果是否真实，起到的效果是否明显，也全部都由该部门负责。然而，这样的思维体系，对绩效考核工作是心理认识上的一个重大误解。人力资源部门虽然应该对绩效考核的具体实施负有责任，但是并非全部的责任，更不是管理责任。绩效考核的推行，不仅要有高层管理的重视、支持和鼓励，同时，也应该由他们建造一个综合的系统管理体系。只有当考核责任和管理责任得到有效明晰的确认，绩效管理的作用才能充分凸显，产生重要意义。

**● 绩效考核的多维性**

人力资源管理者不能只是按照单一的眼光，为了管理的“方便”，而将考核看作一种利于管理的工具。反之，他们应该认识到，绩效考核应当是多元性的，能够按照不同的维度或者方面加以分析和考评。如果仅仅看到一个标准、一种维度，很容易让绩效考核和随之而来的绩效管理过于片面。

- **绩效考核和管理的不同**

绩效考核，是事后对绩效工作加以考评的结果；而绩效管理，则包括了事前的计划、事中的管理和事后的考核。因此，人力资源管理者应该意识到，考核只是绩效管理中的一个重要环节而并非全部。然而，在传统的绩效考核中往往忽视了绩效管理的意义，将两者看作等价的事物。这导致人力资源管理者不仅要负责考核，还要全权负责绩效管理，显然超出其能力和权限的范围。

- **绩效考核的动态性**

人力资源管理者还应该掌握绩效的动态性特点，即工作业绩是会不断变化的。随着时间的不断推移，原本绩效较差的可能通过进步变好，而绩效较好的也会变差。因此，人力资源管理者或者企业高层，都不应该凭借一时的管理产生的印象，用简化的眼光和观点看待员工的绩效。

由于对绩效管理的认识过于片面，同时因为对绩效考核的认识也有同样偏差，因此，不少人力资源管理者会将绩效考核和管理混淆，认为其完全相等，但实际上却又形成了相互割裂的局面，最终导致绩效考核和管理的系统都没有同整个企业的战略目标联系起来。同时，绩效考核的定位和价值往往被认为是人力资源部门中所主要承担的管理工作，却没有看成是整个企业管理过程中都可以运用的有效工具。想要避免这些错误，管理者必须正确认识绩效管理和考核的区别：

- **管理和考核在出发点上的差别**

绩效管理，应该是从战略的角度对企业的绩效进行管理，产生的作用是针对整个企业的实际业绩和心理环境的。反之，绩效考核，则是对个人或者部门的绩效进行评价，产生的作用针对个人或者团队的工作表现和情绪。

● **管理和考核的范围**

绩效管理，是一个完整的管理过程，它关注的是整个企业中体现出的完整管理过程，对其中产生的心理影响是多层面的、立体的和全员的。相反，绩效考核，是局部的考核过程，它着眼于个人或者部门、侧重于对局部环节和手段的评价，研究的是对于个人心理加以影响的方式和结果。

● **管理和考核在时机上的区别**

绩效管理，通常会伴随整个管理活动的全部过程，对员工在工作前、工作中和工作后的心理状态都加以研究和把握，并利用这样的管理结果加强工作前的沟通和承诺。反之，绩效考核，通常只出现在结束或者工作中特定的时期，并利用这样的考核结果，给出在工作完成以后的评价。

## 给评估一把度量的天平

确定评估标准和原则，然后再开展行动。

绩效考核中，离不开对员工已经完成的绩效进行的有效评估。这个评估过程，就是人力资源管理者对和评估任务相关的信息数据进行观察、搜集、整理、组织、整合、对比和实际评价的过程。这样的评估过程和结果，能够直接对企业中薪酬的调整、职位的升降、员工培训的开展等各种组织活动产生重要的影响。

由于绩效评估在企业中具有如此的重要性和普及型，绩效评估也是人力资源管理心理学中被研究最深入而广泛的领域。实际上，绩效评估本身并非一种目的，而是手段，通过科学、合理的绩效评估，将企业的战略思想、发展目标和企业文化价值观进行传播，从而成为员工的自觉观念和自觉行动，这样，他们就会从人力资源管理者组织的绩效评估过程中获得更多的目的意义。因此，绩效评估必须要有正确的标准进行，这样的标准必须要符合整个企业的绩效管理原则，一旦脱离这些原则，无异于南辕北辙。

直到目前，企业人力资源管理工作中，绩效评估工作可以依照以下几种“度量的天平”加以进行：

第一种，个体或团队。在企业内部人力资源工作进行绩效评估时，可以对员工的个人绩效进行评估，也可以将若干员工组成工作团队作为对象而进行评估。在心理上和实际效果上，两种评估对象也各自有其优劣点：前者对明确员工个人的工作业绩更加有效，能够为个人福利、职位上升和薪酬安排等行为提供依据，同时防止管理中偏差情况的发生，但却容易在企业中形成过于强调和凸显个人的文化氛围，破坏企业的团结精神，甚至会导致员工之间的恶性竞争。而后者则能够侧重于对工作团队进行整体的绩效考核，更有助于对整个团队是否具备企业精神而进行有效考核，但很容易造成过分看重团队却忽视个人的不良局面，很可能抑制员工的个人积极性。根据上述两种标准，企业应该选择不同的情况加以运用，满足不同情况的绩效考核工作。

第二种，统一或者分散的绩效考核标准。对于任何一个企业而言，在企业内部建立绩效考核标准都有两种选择：统一或者分散。选择前者类型的考核标准，能够为同一个团队或者层次的员工，提供统一的考评标准作为竞争基础。这样，不但能够保证对员工考评的公平公正，而且还能够实现企业不同部门的一致目标并带来新的发展。但另一方面，又不能建立完全的绩效考核标准，因为不同部门面对不同的工作性质，有着不同的工作特点。因此，人力资源管理者在设立考核标准时也应该考虑到不同部门之间的实际情况。总之，只有在统一和分散之间找到适合的平衡点，才能得到最为贴近实际的考核标准。

第三种，绩效或是素质。顾名思义，在绩效考核中，考核的对象是绩效，是员工或者团队的工作效果和行为。对员工职业道德、职业能力和职业态度的考核，并不完全属于绩效考核。这是因为和绩效考核相比，素质考评需要更多的专业性和技术性，一般的考核者并不具备这样的能力。因此，人力资源管理者需要引导员工去发现两者在定义和范畴上的区别，并加以明确，从而避免绩效考核和素质考核的混淆。

人力资源管理者在建立绩效考核体系和实施绩效考核过程时，不仅应该遵循上述维度去制定考核评估的基本原则，还应该将这些维度看作是建立绩效评估的重要理论依据。同时，结合这些维度，形成必要、良好而行之有效的基本条件，通过满足这些基本条件，考核评估体系将能够得到稳定和全面的构建。

- **客观公正原则**

绩效评估应当根据实际建立和公布的评估标准，针对客观的评估内容进行评价。因此，人力资源管理者在制定绩效评估标准时，也应该采用能够量化的客观尺度而尽量避免主观和感情色彩。但是，不少人力资源管理者在制定评估标准时，有过多来自实际工作中产生的主观看法和情感倾向，这将导致考核评估的过程偏离客观事实，成为人和人之间的比较。

● **明确和公开的原则**

人力资源管理者应该抓住明确和公开的原则，将企业的绩效考核评估的目标、标准、程序以及结果对全体参与者公开。这样，能让参评者充分了解自身的优点和缺点。反之，如果违背了这样的原则，就容易产生过多对于评估工作的疑问，造成评估工作可信度的降低。

● **定性定量的相结合原则**

在绩效评估中，定性评估能够反映出不同员工的性质和特点，定量评估则能够反映员工的工作实际业绩。将两者进行全面的结合，有利于得到准确和全面的评估结果，并能够帮助人力资源管理部门对员工绩效做出客观和有效的评估。

即使选择了正确的评估标准和原则，对于绩效评估体系的设计和实施同样不可予以忽视。只有在正确的设计和实施过程中，才能做到全面体现评估标准和原则。

● **定义评估内容**

评估内容，实际上就是工作绩效的内容。考核评估团队在定义评估内容时，应该充分考虑到本企业的文化特点、发展战略和人力资源管理策略。而在不同的设计步骤中，人力资源管理者对不同维度赋予重要性是显而易见的。另外，评估内容的定义，还要保证评估和工作业绩之间的相关性，保证全面和完整。

● **确定绩效评估内容**

绩效评估是根据员工不同的岗位和职务的主要项目，确定在规定的时间、地点、条件下应该达到的工作业绩。因此，在确定业绩评估内容时，应该注意通过以下四个方面来确定：首先是评估的内容需要具体，其次是评估的内容需要公开，评估内容的难易需要适度，评估内容的修改需要适度。

**● 确定评估的周期**

评估周期也会影响到评估的原则和标准，并且没有唯一的标准。不过，人力资源管理者应该认清，人力资源管理过程中典型的评估周期应该是一个季度、半年或者一年，当然，也可以在某一个工作任务后加以进行。这样，评估周期不会过于密集或者松散，而绩效评估的原则和标准也会得到完整和科学的坚持。

## 急于求成不如先找方法

评估方法是评估成败的关键。

随着众多结合心理学的新兴人力资源管理思想的出现，一系列以绩效管理为研究目标的方法、工具和思想体系也由此出现。因此，绩效评估的方法也得到了充分的完善和体现。

绩效评估的方法，起源于评估标准的确立。当一套评估方法得到确立后，无论从团队方向或者个人方向上来看，评估的标准都会成为工作的指导，并能实现企业想要的工作结果和业绩。因此，绩效评估选择怎样的方法，会影响到整个绩效评估的效果和工作业绩的高低。

在摩托罗拉公司，员工的薪酬和职务变化，都和绩效评估紧密挂钩，而该公司采用的评估方法，也值得人力资源管理者加以研究和学习。

例如，一些员工在工作中，其重点并非是直接面向客户，而是面向其上级。这样的情况，如果使用了错误的方法，就会导致评估的误区：A员工绩效虽然普通，但上级相当信任，而B员工绩效很好，却没有和上级建立信任。这样，员工的绩效评估就无法得出真实的结果。

针对上述情况，摩托罗拉公司采取了正确的评估方法来防止错误情况出现。

首先，绩效评估的成绩评分表是参照美国的国家质量标准制定的。而不同部门根据这个评分标准，结合具体的工作业务，制定自身的评估目标。

评估要求上级和下属共同参与其中，而定期评估一般在每年的1月份进行，个人员工的评估是每季度一次，而部门的评估则是每年一次，每年年底对业务进行全面的总结。根据评分卡的情况，公司每年年底根据评估情况决定员工个人薪水的变化，同时决定其职位是否晋升。同时，在每年的2、3月份，公司会挑选评估中产生的精英员工，到总部去参加学习和考核。当然，如果有员工认为对其评估不公平，可以拒绝在评估的结果上个人签字，而每个人的评价表都必须有他们的主管和主管的上司签字，因此，主管的上级肯定会了解评估其中的问题，因此也就能参与进来，了解评估发生的情况，解决实际存在的问题。

从摩托罗拉公司的评估方法选择中，能够看出企业结合实际情况、选择有效绩效评估方法的重要性。挑选一个好的绩效评估方法，是企业中人力资源管理者应该关注的问题，这种评估方法的选择，本身是灵活而具有弹性的。通常来说，当人力资源管理者在选择评估方法时，应该注意以下几个角度：

- **绩效评估方法应具备针对性**

不同绩效考评方法，都具备自身的结构和特点。因此，由于企业有着不同的具体情况，人力资源管理者应该更加重视和强调评估方法的针对性。例如，考虑到企业的主导目标，包括如何快速实现企业的绩效目标、如何建设高素质和稳定的员工队伍。又如，考虑到组织规模自身的大小、组织文化、组织环境等。通过选择并确定绩效的评估方法，必须具备明确重点和鲜明特点，才能真正满足企业的不同要求，充分发挥绩效评估的作用和功能。

• **绩效评估方法的选择应具备可行性**

人力资源管理者在挑选绩效评估方法时，应注意提高其可行性和操作性。因此，人力资源管理者应当对不同的方法进行充分的实践、挑选、证明，从而做到最有效的可行性。然而，由于不少主客观性因素的作用影响，在人力资源管理者挑选评估方法时，只是盲目地选择那些经典和权威的方法，而难以获得真正有效地贯彻和实施。

• **绩效评估方法选择应考虑经济性**

人力资源管理者应注意到，不同的绩效评估方法是具备不同的经济性的，它们所占用的各自时间和支出费用也不一样。因此，人力资源管理者应当在选择评估方法时，关注到所耗费的经济要素，如企业单位所需要的时间、经理和管理费用等。只有在确定绩效评估的过程中看到经济性要素，才能挑选到应有的正确方法。

可见，绩效评估的方法直接影响到评估过程和结果。而是否能够正确挑选绩效评估的方法，对于人力资源管理者来说更加至关重要，远比盲目期待评估结果要更加紧迫。下面的方法，可以供人力资源管理者加以挑选：

• **比较评定法**

通过比较评定的方法，对评估对象进行合乎心理需要的比较，并按照一定的顺序进行排列比较，最终得出考评结果的方法。具体来说，可以进行排序法，即对相同职务的员工进行考评，将其中每个人的绩效优劣程度进行排序，从而获得确定结果；还可以进行配对比较方法，即将任意两位员工进行比较，根据“更好”的次数得到排序结果；最后，还包括强迫分配法，即事先制定一定类别的百分率，然后将员工按照成绩排序“强制”分配到这些百分比中去。

**● 等级量表方法**

这种方法是较为简单和运用较为普遍的工作绩效评估方法。具体方法是，由评估人员运用一定的量表，对员工在不同考评项目上的情况做出数据上的评判并计算分数。其中，常用的有5点量表、7点量表，并列出一些绩效构成要素和绩效等级。在进行具体评估时，首先针对不同员工，从每个评估要素中，找到最符合其实际情况的分数，如“优”、“良”、“中”、“差”等，然后将不同的各项得分进行加权、求和，最终得到科学全面的工作业绩。

**● 360度绩效评估法**

这种方法又被称为全景式评估法，这是由评估者的上级、同事、下属和员工等对员工最熟悉了解的人，不记名对被其进行评估。同时，评估者也可以进行自我评估。评估完成后，员工将得到具体的反馈。由于这样的评估在反馈过程中更能够打动被评估者的心理，因此能更好地帮助被评估者提高能力、水平和业绩。

具体评估方法中，首先应该进行评估项目的设计，选择可行的方法和工具（通常采用调查问卷）；其次，确定并对评估者进行培训，通过人力资源管理者或者上级指定，针对评估者进行评估需获得同意和配合，才能保证评估者的立场和态度；再次，在具体实施中，加强评估质量的管理，准确进行评估的统计并对结果加以报告；最后，通过反馈和考评，360度绩效评估法的应用效果将能够得到全面的评价，总结出其中的经验和不足，对评估效果进行完善。

# 合理的指标才能得人心

利用合理指标去吸引人心。

在员工绩效的考评过程中，人力资源管理者经常会遇到的最实际问题，就是难以确定客观、量化的绩效指标。对所有的绩效指标都进行数量化、科学化并不现实，也缺乏如此操作的必要。然而，通过合理的指标体系，不仅可以衡量员工的绩效，还能够做到征服员工的“心”。这样，企业中不同职位的工作，都能够从不同的角度做到充分评价，并通过多种业绩指标的使用，实现通过考核来提升目标管理效果的作用。

在对绩效目标加以确定的过程中，人力资源管理者应该熟悉的是关键绩效指标法。

关键绩效指标法，简称KPI，是指通过对组织内部工作流程的从输入到输出的关键参数进行设置、获取、计算和分析，从而衡量流程的绩效，并对其目标加以量化管理。这种方法从企业的战略目标出发，提炼和战略相关的关键指标，然后从企业层面到不同部门再到员工个体，进行层层分解。通过这样的方式，企业的战略思想转化为具体的评估指标，贯彻到每个员工身上，而绩效评估则是通过对这些指标加以监控，实现员工和企业绩效的提升。通过指标的设立，人力资源管理者能够找到个体和组织两者业绩之间相关的评价依据，并加以层层分解，实现对企业的重点活动与核心效果进行直接的控制与衡量。因此，关键绩效指标体系，体现出的内容可以反映出组织的战略年目标，并对组织层面的战略目标做到进一步细化与发展，同时随着战略目标的发展变化而获得调整。

关键指标，实际上是对企业组织运作过程中所有关键性因素的归纳总结，是一种引导指标体系，能够对部门和员工的工作目标起到导向性作用。因此，关键指标不需要太多，在数量上应该做到力求少而精，而在性质上应该基于企业的战略流程，能够和整个组织的远景目标加以结合，并便于具体的评估操作，能够让部门和员工个人可以控制。

实施目标管理的过程中，需要层层设置关键性目标，关键在于确定其中最重要的绩效属性，并且能够做到可以用数字度量、用事实加以验证。当它们形成关键指标后，就能为绩效的评估提供标准体系。

由此，通过在关键的绩效指标上达成充分的一致，员工和管理者之间能够获得共同的沟通基础，并可以迅速有效地在对待工作的期望、表现和发展方向上，达成相互之间的共识，这就需要人力资源管理者在关键绩效指标上体现出充分的增值效应。

- **将指标看作连接渠道**

人力资源管理者应该将指标的确定看成个体和组织之间的重要桥梁。个体绩效和组织目标，只有通过绩效指标，才能保证员工的工作目标针对组织的战略目标，起到应有的增值作用。在这样的连接作用下，人力资源管理者才能更好地利用好指标，并将员工的心理和企业战略文化进行更加紧密的联合。

- **将指标看作激励方法**

关键的绩效指标，是针对能够产生组织整体业绩的工作而设定的，因此，将这些指标设定为绩效指标并加以评价，才能真正有效激励员工对组织做出真正有贡献的行为。人力资源管理者应该将指标看作激励方法，并以此影响员工的工作动力和信心。

● **将指标运用于员工责任感的提高**

关键绩效指标，来源于员工工作职位的责任。人力资源管理者应该认识到，绩效评估指标能够对员工工作职位中关键职责加以确认并描述。其次，绩效评估指标还能够反映出组织或者部门的战略目标，从而体现出员工对组织的贡献。通过这样的看待，指标将能够反映出员工的责任程度，以提高他们的责任感。

关键指标作用具备重要的意义。为了对此加以实现，人力资源管理者在确定关键绩效指标的操作方法时，应该包括下面三个步骤：

● **明确工作的价值**

在工作价值明确的步骤中，评估者应该去区分团队、个人的工作价值，分析其产出的成果和工作的状态。对于人力资源管理者来说，应该用客户的利益作为目标导向，从而设定工作的价值。同样，工作价值的输出对象，也应该包括组织内外的客户，从他们的需求出发，而通过对下列问题的回答，从而确定工作价值。例如，被评估者的个体和团队，面对的客户在组织内外分别有哪些？被评估者的个体和团队，应该向这些客户提供哪些服务或者价值？组织内外的客户实际上所需要得到的产品、服务或者价值是怎样的，这些价值在评估对象的工作中占有怎样的比例？

● **对关键指标加以确定**

管理者可以在指标的确定中，解决评估的具体内容，即“评估什么”的问题。确定评估指标，即确定不同工作价值应该从怎样的角度加以衡量。

一般情况下，对关键指标的设定，主要应该包括数量、质量、成本和时间四种类型。通过这些标准，加以解决“做得如何”、“完成多少”的问题；而在设定具体指标上，则应该能够用上述方法来明确具体这些指标分别应该达到怎样的水平。

- **对关键绩效指标加以具体审核**

在制定完关键绩效指标之后，人力资源管理者应该加以具体的审核。审核过程中，管理者应该对关键绩效指标在对评估对象的具体业绩评估上，发挥出全面、客观而方便快捷的作用，而审核方法包括下面几个方向：

首先，关键绩效指标是否能够通过有效的观察而得到证明；其次，不同评价者用相同的绩效指标对同一名员工进行评价，是否能够得到相同的结果；再次，这些评价指标的综合相加，是否能够解释和表达被评价者大部分的工作业绩；最后，通过对这些关键绩效指标的界定，是否能够充分跟踪和表达出客户所关心的角度。

## 消除考评中的心理误区

心理误区对考评有害无益。

善于对绩效考评的过程和结果加以应用，不仅能够有利于对人力资源管理的绩效加以促进和提升，同时也能够强化企业绩效评估体系的有效性。

但是，由于绩效评估的结果和员工自身的利益有着紧密的相关程度，一切发生在绩效评估过程、结果中的差异情况，都容易引起员工对自身利益的关注，甚至因为表现出来的不公平、不公正而引起员工的抱怨与不满。如果这样的情况不加以遏制，最终会导致重要员工人才的外流，从而影响整个企业的稳定。因此，人力资源管理者如果想要确保评估过程和结果的作用，必须从员工的心理层面了解绩效考核评估的误差和影响因素。

绩效评估经常走入的误区主要有以下心理层面的表现：

首先，标准尺度宽严把握不定。由于受到心理或情绪方面的影响，不同的评估者，甚至同一个评估者，也常常会出现评估过程中宽严尺度把握不平衡的现象。即使评估者曾经接受过具体培训，但往往也无法做到按照具体的指标进行统一科学的评价。

其次，选择“安全尺度”现象严重。由于评估者在心理上想要获得安全感，不想为评估结果承担太多风险或责任，因此，许多评估结果大多表现得既不优秀、也不特别差，往往都是表现为中等、中等偏上水平。这样，被评估者之间的真正差距无从得到体现，评估的应有价值也得不到充分体现。

再次，由于对评估的重要性认识不足。相当一部分评估无论从评估者还是被评估者都带有明显的形式主义，在操作上缺乏深度，评估的结论也相当模式化，难以和其他团队管理操作如奖励、分配、提升等进行连接和兑现。

另外，由于暗箱操作的习惯，评估常常只是在团队或者企业的领导层进行，导致下属并不了解评估意见，评估结论也没有能和下属进行积极的沟通。这会导致被评估者缺乏必要的安全感和信任感。而评估者在评估过程中，又因为过于自我地操作，容易产生晕轮效应等心理误区，即一旦发现某个人在某方面符合自己的标准，就立刻在其他方面也给这个人套上“光环”，误认为他在所有方面的表现都是好的。这些表现都会影响评估者对被评估者做出实际、客观和正确的评估。

当然，容易产生的心理误区还包括下面这些情况：

如首因效应，即评估者因为心理学的记忆规律，而只是对第一印象记忆较为深刻，对其他印象记忆则较为模糊，这样的评估结果无从反映员工的真实情况。

又如定势效应，即在评估中只是根据既有的经验和习惯进行思维，形成对人或者事物的不正确看法等等。

评估过程中，评估的原因、动机、主客体之间的关系，许多心理因素都会对评估结果产生影响。因此，是否能正确认识和了解心理因素是评估误差的来源，是否能确定其特征，将能够有效地降低和消解这些心理因素的影响，从而确保绩效评估客观和公正，同时具备合理性和准确性。

一般来说，影响评估的因素，主要来自以下几个方面：

- **评估者个人心理影响**

人力资源管理者应该认识到，无论邀请哪些人担任评估者，其个人特点和感受，都会对评估结果产生不同方面的可能影响。例如，个性、智力、价值观、态度和心理感受等，都会影响评估的结果。另外，评估者和被评估者之间也会有情感的亲疏远近等，而评估者是否真的了解被评估者的工作情况、岗位特点和要求，也会造成评估结果的影响。

- **评估本身容易引起心理问题的原因**

企业设计的绩效评估体系，必须做到充分的科学和客观。如果绩效评估本身设计存在各种缺陷，很容易导致评估结果受到认识误区等心理误区的影响而带来误差。例如，评估内容、评估标准、评估指标等设计，都会对评估结果产生影响。

例如，由于一些企业没有制定出绩效评估的制度，因此评估内容缺乏规范性，评估通常只是由企业下属的部门自行组织，结果内容和形式缺乏统一性，企业的总体战略目标缺乏观念，并对整个企业的绩效缺乏推动；一些绩效考评指标没有按照岗位职责来，只是单纯地从书本或者其他单位拿来评估工具，结果造成评估内容和评估者的工作目标和任务缺乏紧密的连接性；评估指标的制定过程中，没有开展调查研究、岗位分析，导致指标定得过高，让员工产生绝望感，从而严重挫伤工作积极性等。

**• 被评估者的心理因素**

被评估者之间的心理差异，很多时候也会影响他们的评估效果。被评估者出于团队、部门或者自身的原因，又或者出于个人利益的考虑，对评估在认知和态度上存在一些心理上的偏差。如对评估管理的体系或目的缺乏了解和重视，采取敷衍或者漠不关心的态度；又或者采取临时性的表现，试图得到好的结果等。当然，被评估者的性格特点，也会导致其绩效评估结果受到影响。例如，一些被评估者会刻意进行过高自我评估，或者一些员工因为内心认识不足或自卑，在评估中并没有将自身的成绩充分列举。这样的情况都会造成无法正确进行评估，对绩效评估产生不利的影响和结果。

不同的绩效评估心理误差，造成评估结果在客观性和准确性上的严重影响。因此，人力资源管理者必须找出解决评估问题的对策，从而帮助整个企业在评估中走出心理误区，不断对绩效评估工作的质量予以提高。

**• 综合使用正确的评估办法**

不同的绩效评估方法都会有其自身的不同特点。人力资源管理者在选择评估办法时，应该根据评估目的，综合使用两种或者更多的评估办法，进行取长补短。另外，更重要的是，选择评估方法，还需要考虑组织的实际情况、评估办法的适合性、评估方法是否符合经济、便捷的原则。

- **建立科学的评估指标体系**

评估内容过于系统和抽象，会导致内容的综合定性评估很容易产生不同的误差。企业应该根据不同评估目的，将评估内容细化，成为可操作性强的指标体系，并采取定性和定量相互结合的方法，进行全面科学的评估。在这样的评估下，参与者的心理误差会压缩到最小，从而避免产生不应有的错误。

- **对平时的评估加以重视**

之所以容易在年度评估中出现近因效应误差、晕轮误差等，是因为过于重视总结性评估，而忽视了平时绩效评估的原因。人力资源管理者应该在平时绩效评估上就充分重视，能够根据工作的岗位责任或者年度的目标任务，确定平时不同评估周期的绩效指标，将不同指标的标准充分量化，这将有效防止不同心理误差的产生。

## 因人而异设计反馈模式

抓住反馈，才能抓住评估的重要性。

评估过程得到认真的实施，并不代表整个绩效的考核系统就得到了有效完成。实际上，对于绩效考评者来说，他们还需要对评估结果进行有效细致的分析，同时将评估结果采取不同的方式，有效反馈给不同的被评估者，只有这样才能保证绩效评估的系统和完整。

绩效反馈，是整个绩效考核工作的最终一环，正是这样的最后一步，很可能决定整个绩效考核效果的高低。通过评估者和被评估者之间做出的有效沟通，能够让双方围绕被评估者在评估周期内的业绩进行有益的沟通和交流。这样，不仅能够肯定已经取得的成绩，还能围绕工作中产生的不足加以改进。

相反，如果人力资源管理者不在评估之后组织评估结果的反馈，被评估者就无法明白自身存在怎样的优势和劣势，也就无法有针对性地对自身的工作能力、工作效果进行提高。

绩效反馈内容包括以下部分：

首先，对员工进行当期绩效评估结果的通报。通过对绩效评估结果的通报，员工将能够有效明确其绩效表现处于整个组织中怎样的位置，对其绩效水平的有效增长加以促进。因此，在进行这方面的沟通时，评估者应该有效关注员工有怎样的优势，不仅向其公布结果，同时也要耐心地倾听员工自己的看法，并按照综合得出的结果，对员工下一期的工作任务和目标进行有效调整。

其次，分析员工的绩效和目标之间的差距，确定如何加以改进。对于人力资源管理者等评估者来说，评估本身并不是简单的完成工作，只有通过评估来提高员工的绩效，找到其中的差距，并进行准确分析，才能对被评估者有所触动和影响。同时，他们才会对可操作性的改进措施加以认可。为此，评估者应该明确员工不同的绩效行为，包括高效和低效的行为，然后通过不同的行为方式去鼓励其高效行为，抑制其低效行为。例如，通过表扬和鼓励，对其高效行为加以鼓励并强化，通过归纳总结和批评，保证员工认识到低效行为的危险并进行有效改进。

另外，通过反馈中的面谈，协商出下一个绩效评估中的工作任务和目标。

绩效反馈，既是一个周期的结束，又是下一个绩效评估阶段的开始。因此，在反馈中的面谈过程中，评估者应该和员工进行对绩效指标的明确和共同的制定研讨，评估者如果不参与会议，将会导致下一步工作由于不同原因而产生方向性的偏差，而被评估者如果不参与会议，将会导致绩效目标缺乏理解和认同。因此，在反馈过程中，双方都应该加以重视，从而保证新的工作阶段能够拥有科学和明确的指标。

绩效反馈，目的是为了将绩效评估中发现的问题对被评估者加以告知，从而保证对方能够在这些工作问题上进行有效改进。当然，由于评估内容和批评、处罚有很大联系，因此对被评估者在心理上有所冲击，为此不可避免会引起被评估者产生心理上的一些抵制。因此，被评估者只有遵循一定的原则，才能避免在反馈的面谈中遭遇过大的心理阻力。

- **关注评估本身的原则**

在绩效评估的谈话中，评估者和被评估者谈论的应该是工作的行为、工作的绩效本身，也就是以事实作为基础进行，而并非讨论员工本身的性格特点、行为特点。同时，反馈的焦点，还应该集中在客观数据、客观事实表现的绩效结果上，而不应该过于去追究、批评和责怪员工。一些绩效反馈之所以没有取得良好效果，引起了被评估者的反感和抵制，究其原因是无意间带有了威胁性，形成了针对个人的批评氛围。

- **谈论具体问题，避免抽象性评价**

在面试反馈中，要引用具体的数据、列举出不同的实际事例，而不应该做出抽象的、泛泛而谈的结论。这样，员工才会真正发现问题所在，并表现出心服口服的态度。

• **找问题，也要找到原因**

不少人力资源管理者在找到问题之后，常常立刻对员工追问办法，这就造成了原因的被忽视，而所谓的改正措施也就成了无的放矢。实际上，对问题原因的发掘，本身也就是对问题的解决内容，通过对问题原因的寻找，可以找到整个团队或者个人所可以采取的措施。

针对不同的被评估者，建议人力资源管理者等评估者应该采取不同的反馈策略，从而有助于将对方的抵制心理予以规避和消除。下面是对不同员工如何进行反馈面谈情况的方法列举：

• **面对工作成绩突出的员工**

通常来说，这种评估反馈情况很顺利，但评估者还需要注意：首先应该鼓励员工有上进心，可以通过主动帮助他制订个人职业发展计划加以实现；其次，不需要急于对他们做出晋升或者奖励的承诺。

• **缺乏进步的员工**

评估者应该对他们的表现进行坦诚探讨，讨论现在的工作岗位要求和其具体表现之间的差别，帮助他们充分意识到自身不足。

• **业绩较差的员工**

在和他们交谈之前，评估者要意识到，业绩较差的员工工作效率低下有不同的原因，有主观上工作态度不良、积极性缺乏、能力不足等，也可能有客观上的工作条件缺乏等。对此，评估者必须要做到充分具体地分析，找到真正的原因，然后同他们进行交流，获得必要的共鸣基础。此后，再采取不同的措施。千万不要不问原因，就将问题的产生按照自身主观印象归结于下属个人。

# Chapter9.

## 暖心福利留住人才

## ——从心管理之薪酬福利

## 确定薪资水平让人心安

薪资水平的高低，影响员工的心理安全感。

薪资，就是员工为企业和组织所进行的劳动所获得的物质回报或非物质回报。在广义上，薪酬包括直接或者间接、内在或者外在、货币或者货币之外的不同的收益。因此，薪资可以表现为人力资源价值的具体价格，也是对员工人力资源要素所作出的具体贡献。

正因为薪资是同人力资源紧密相连的，因此，管理者更应该关注薪酬对员工心理所产生的影响。

具体来说，薪酬的心理功能存在以下几种类型：

首先，薪酬能够满足员工的生存功能。按照马斯洛的需要层次理论，每个人都有生理需要、安全需要、归属和情感需要、尊重的需要和自我实现的需要。这些需要中，只有排名在前的获得了满足，才能产生后一级的需要。因此，企业发放的薪酬体系恰好可以产生维持员工的基本生活需要，并作为员工进一步发展的基础。

其次，薪酬具有实现价值体现的功能。这是因为薪酬并非仅仅的货币或者是非货币形式，同时还附有心理学上的不同含义。在很大意义上，薪酬是对个人价值的充分认可，人人都有被尊重和实现的需要，而薪酬则是衡量个体价值的重要标准。

另外，薪酬还能够在组织情境中起到应有的巩固强化功能。当员工表现出良好的业绩行为时，企业能够给予相应的报酬或者奖励，从而保证员工能够在今后的工作中持续保证良好工作状态和工作动机，并将工作绩效维持在较高的水平。

总体上来看，薪酬除了上述作用之外，还附加了一些重要的心理因素。例如，薪酬的高低体现出的员工地位、威望和本身的权利等，正是这些因素能够在心理的不同层次上满足员工的更多需要，从而让薪资的激励功能获得进一步的扩大和深化，从而在赋予薪资更多象征意义和心理意义的基础上，有效发挥激励功能。

在确定薪资水平的过程中，管理者需要看到薪资能够满足员工不同需要的功能，同时将薪资的管理和员工心理状态的管理加以充分结合。为此，管理者应该把握的原则有如下几条：

- **抓住薪资和需要之间的联系**

每个员工都有需要，不同的员工则有不同的需要。想要让员工心理状态安定，实际上就是要满足员工不同层次的需要。因此，需要不同，对薪资发放产生的形式和内容也就有不同的要求，对于不同的员工，同样数量的薪资所产生的安定效果也就不同。例如，基本薪资或许就能够让贡献一般、生活水平较低的员工获得稳定的心理效果，但对于绩效卓越而生活水平较高的员工，则缺乏意义。因此，人力资源管理者如果想充分体现出薪资对心理稳定的功能，获得最大效益，就必须看到需要的不同，而不能对薪资完全以平均主义的方法进行管理。

**•“心定”来自于公平感**

和“心定”关系最为密切的当属于心理学家提出的公平理论。一些心理学家在研究团队利益分配时注意到，薪资分配的合理性与公平性会对员工的工作态度有着深刻的影响。这是因为员工不仅会关注自身的绝对收入，也会根据员工个人劳动的付出而影响其对收入相对高低的关心，即将自身收支和他人收支状况比较之后的心理结果。

一般情况下，员工会有意无意将自身的投入与产出进行相比，如果两者相等，员工就会感到公平，否则，就会产生不公平的感觉。管理者应该观察到员工对自身公平态度的感受，进而反过来衡量他们的薪资是否合理。

**•薪资通过“心定”影响工作满意度**

员工的心理层面状况越稳定，他们对工作的满意度越高，而员工的满意度则会直接影响到员工的工作绩效。因此，管理者应该看到，薪资带来的心理感受会影响员工对工作的满意度。缺乏稳定的心理感受，将破坏员工对工作的满意度。

要设计出能够让员工心理安定的薪资制度，应该重点做到从以下机制去影响薪酬的设计过程：

**•以岗位为基础**

薪资制度只有以岗位作为基础，才能保证员工的心理状态安稳。人力资源管理者应该做到让不同岗位或者职务都能够对应一个单独的薪酬标准，而不去过多考虑员工个人在工作技能、经验或其他方面的能力。这样的薪资制度有着较为简单的结构，容易操作，一旦岗位和职务得到了明确，每个员工的薪酬级别也就得以确定。这样，员工在进入岗位之后，将会有足够的安全感。

**• 以能力为基础**

和上一种薪资制度相比，以技术为基础的薪资制度不仅关注不同岗位和职位的要求，同时也兼顾到员工已经具备的技术水平，并根据员工在工作中表现出来的能力技术作为参考来制定薪资。因此，这样的薪资制度能够对那些技术过硬的员工带来较好的心理感受，产生应有的安全感。同时，也能够为其他员工树立应有的心理目标，并为之努力奋斗。

**• 以绩效作为基础**

以绩效作为基础，这样的薪资制度能够将薪资和员工的绩效目标进行联系。这样的薪资制度在数额上并不固定，会随绩效目标是否得到完成而上下浮动。但是，在新经济时代，员工虽然因此而底薪减少，但却能够根据目标完成状况而获得更高的奖励，他们能够对自身的薪资产生更高的期待和目标。因此，采用这样的薪资制度，对于那些有长远目标和规划的员工来说，反而能产生更稳定的推进力量。

## 设计薪酬结构激励员工

良好的结构能够带给员工充分的动力。

薪酬的结构并非单一的，除了可以划分为直接薪酬和间接薪酬之外，薪酬还能够做出具体结构上的安排和变化。这些安排和变化一方面可以对企业起到优化人力资源配置的作用，一方面也能够激励作为人力资源的个体。而想要了解薪酬结构的意义，则应该先对薪酬的具体结构进行有效分类。

薪酬可以分为两部分，即货币形式的薪资和非货币形式的福利。

在薪资部分中，主要包括基本薪资、激励薪资和附加薪资三种类型。其中，基本薪资是按照员工具体劳动的强度、工作的复杂和能力大小、责任大小作为基准而计算出来的薪资。这部分薪资主要包括等级、岗位、技能等。通常，基本薪资数量相对固定，能够提供较稳定的收入来源。激励薪资是根据员工超额完成任务的多少而计算的，其具体形式包括年度奖、员工持股计划或者股票期权等。这方面的薪资将能够对员工的效率予以奖励，从而提高其劳动积极性。而附加薪资则是为了补偿员工较为恶劣的工作条件而设置的，能够鼓励员工主动适应不良的工作环境，是为了通过给予员工一定的补偿，而吸引并增强其工作兴趣。

在福利部分中，员工将会从企业那里得到采用非货币形式而得到的物质待遇，包括社会福利和机构福利两种。社会福利是强制的，具有政府主导形态，包括社保、住房公积金等，而机构福利是每个企业根据自身的实力情况和发展需要，有目的和针对性设置的非货币报酬。这两种福利的发放，不仅能最大限度地提高劳动生产率，也能为企业组织未来的经营发展培养新的人力资源。

薪酬结构的管理，并不只是数字上的计算，而是一种人力资源管理的重要手段。根据企业想要实现怎样的战略目标，企业应该具有怎样的薪酬结构，同时适应不同的内外环境，激活不同的人才，已经成为在人力资源管理过程中的重要课题。

● **需要从战略层面设计薪酬结构**

人力资源管理者应该关注薪酬结构对企业发展的影响，通过站在战略高度上设计薪酬制度，能够从整体上通过强化员工的核心价值观，从而做到有利于对企业战略目标的实现。

● **需要从制度层面设计薪酬结构**

当薪酬结构固定并形成专门制度后，员工会将制度的遵守和看重同对薪酬结构的关注结合在一起，这样，无形中进一步激活了员工对制度意义的评价和执行。

● **需要从技术方面设计薪酬结构**

对员工的激励是一种技术和方法，因此，人力资源管理者也应该找到适合企业项目和工作特点的设计方法，有效科学地设计不同的分配制度，保证薪酬结构能在制度中得到有效运行。

当然，薪酬结构并非一日之功就能够进行全面精确的设计和开发，人力资源管理者必须要把握不同的影响因素，逐步提升薪酬结构的合理性。

● **抓住企业的经济效益特点**

在企业中，员工的薪酬水平受制于企业经济效益，其薪酬结构也应该与之相关。因此，人力资源管理者应该把握好企业经济效益的好坏变化，当企业经济效益较好时，员工的薪资结构可以进行改变，并出现较大增幅，而企业经济效益较差时，员工的薪资结构也就应该相对稳定，并不应出现过多变化。

● **对员工个体差异进行比较**

不同员工都会有着各自在学历、年龄、工作经验、性格因素、工作业绩、工作技能等方面的差异。而员工的个体差异也应该在其薪资结构上得以体现。因此，在制定薪资结构的方法上，必须要考虑到员工之间的差异是否明显或者是否接近，并根据这样的比较特点，形成能够对整个团队起到激励作用的薪资结构。

**• 对企业文化的观察**

企业文化是整个企业分配思想、价值观、目标和制度形成的土壤，同样也是薪资观念形成的基础。因此，人力资源管理者在设计薪资结构时不应忽视企业文化，而是要对其中追求的内容和价值取向进行深层次解读，进而通过良好的结构影响员工薪酬水平。

**• 企业远景**

企业在为员工设计薪酬结构加以鼓励时，还应该结合企业目前发展的时期、企业长远的盈利能力和企业未来的发展目标进行观察，以此决定薪资结构的不同。例如，当企业处于成长期时，管理者应该在薪资结构中加大浮动成分，从而保证员工能用更加饱满的热情投入到对企业长远目标的实现上去。

## 满足需要引发强劲动力

满足需要的薪酬，不断推动员工奋进。

薪酬结构之所以需要充分设计，目的在于能够确保企业中形成正确的工作分配原则，即“多劳多得、少劳少得、不劳不得”的原则。因此，一套能够有效运行的薪资体系，可以激发员工面对工作的强劲动力，可以增强员工的满意度，降低员工的不满导致的流动，同时减少组织内部因为不满而带来的矛盾。另外，如果薪酬能够有效地满足员工的需要，对于吸引新的人才并挽留他们为工作奉献精力也有很大的帮助。

反之，当薪酬无法满足员工最关键的优势需要时，即使这样的薪酬对于企业来说或许已经是全力付出，但也难以激活员工的工作热情。不妨从下面这个管理寓言中对此事实予以充分认识：

一个寒冷的冬天，一个老乞丐在街头上踟蹰而行，忽然在街角发现一只狗，它已经断了一条腿，正瑟瑟发抖地用可怜而绝望的眼神观察着他。

老乞丐的同情心油然而生，感到自己的命运和这只狗非常相似，于是，他找来一些树枝、绳子，帮狗将腿捆绑好，然后带着它回到自己生活的墙角里过了一夜。

几个星期以后，这只狗的断腿灵活了一些，也有了精神头。而老乞丐则在这段时间内每天从垃圾桶里找到餐厅里吃剩下的骨头来喂养它。然而，每天找到的骨头根本没有办法满足狗的胃口，这是毫无办法的，因为连老乞丐自己也经常饿肚子。于是，等狗彻底能够顺利行走了，老乞丐拍了拍它的脑袋，对它说："你可以走了，在我这儿你会饿死。"然而，狗却不断地摇摆尾巴，眼里充满感激和期望，似乎在说："主人，我不会离开你。"

老乞丐当然很感动，他决定和狗相依为命下去。于是，到了夜晚，狗会观察乞丐身边的安全，白天则陪伴他、为他带路，老乞丐则每天为它找骨头——虽然他们俩经常还是饿肚子。

有一天，在一家高级餐厅的后厨门口，他们享受了意外的美餐。一家企业在这里举办年会，花费特别多，而餐厅老板也为赚到钱而异常高兴，将许多饭菜都送给了后厨的乞丐们。最后，老乞丐因为吃到了各种美食而走不动路，他的狗也大快朵颐。

然而，这样的机会并不多，他们接下来还要面对饥饿。老乞丐是无所谓的，他已经习惯了这样的生活，但狗是不同的，它很难忘记那家餐厅的后厨。终于，狗选择了离开。后来，每当乞丐走到餐厅后厨那里，总会看见原本忠诚于他的狗会在那里不停地摇着尾巴。

同这个寓言一样，薪酬激励是让企业人力资源管理者感到头疼的难题。难就难在怎样具体使用上。一些人力资源管理者认为，对员工需要的满足，就应该做到位，否则谈不上激励效果。而另外一些人力资源管理者则恰恰相反，他们认为，员工的需要绝大多数都是自私的，都是和企业没有多少关系的。

那么，究竟怎样才能正确看待员工需要是否能被满足这一问题呢？

- **对员工需要的满足，必须切实可行**

薪酬应该满足员工的需要，但这种满足的出发点，应该能够被全体员工充分理解和接受。而满足员工不同角度、不同层面的需要，也应该便于观察和操作。

- **对员工需要的满足，必须公平合理**

是否能够满足员工需要，应该同员工在绩效考核后得到的结果紧密联系而不可分割。对员工需要的满足，必须要站在绩效考核结果的基础上，才能体现出薪酬激励功能的意义和价值。因此，满足员工需要的薪酬结构，应该为员工全体所认可，具有公平性和合理性，而不是单纯地按照“会哭的孩子有糖吃”这样的原则进行满足。

- **对员工需要的满足，应该包括不同层次**

员工会有着不同的需求，其中既有基础层次，又有更高层次。而想要对员工做出更高的激励，就应该发放激励部分的薪资，激发他们更高层次的需求。相反，想要保证员工能够完成应有的工作业绩，就需要满足其基础需要，发放基础薪资。需要注意的是，人力资源管理者还应该对不同岗位、职位和权力的员工，进行不同需要在总需要构成比例的比较和计算，从而得出应该发放薪资的比例。

当前，不同企业对员工需要满足的方法是多种多样的，但万变不离其宗，最终还是无法离开薪资作为满足和激励的手段。根据激励对象实际需要的具体不同，可以按照以下方法和标准来进行分类：

- **满足生产型员工的需要**

生产型员工需要能够获得更多来自于生产行为本身的报酬，并获得进一步提高生产效率的激励。因此，人力资源管理者可以选择采用计件薪资方法、标准工时方法或者团队总体产出水平方法等来设计薪资结构，满足他们的需要。这样，生产型员工会发现自己所期待的薪资是有可能通过生产过程而实现的，并能因为实际需要被满足而爆发更多的积极性。

- **满足管理层人员的需要**

管理层人员和整个企业的业绩有着密切的联系。不仅如此，他们除了满足自身的收入和发展需要外，也有着对事业追求的需要。因此，人力资源管理者可以在此基础上，为这些人员的薪酬结构中引入和设计更多形式的分红、奖金等，并运用如股票期权制等不同的长期激励计划，对组织中的管理人员进行激励和奖励，从而既能够促进和维护企业整体的发展，也能够满足其个人的需要。

- **满足销售人员的需要**

即使有着行业或者产品的不同，但销售人员的需要都是近似的——他们都需要通过销售佣金形式的奖金来获得自己需求的满足。同时，他们的职业需要也能创造更多的销售业绩，从而带给自己职业的发展。因此，人力资源管理者应该采取不同的形式来满足销售人员的要求。如以基本薪酬为基础、以业务提成为主要内容、以奖金为主要内容等。

## 雪中送炭最能温暖人心

最温暖人心的不是工资卡，而是寒冷时向你伸出的一双手。

在企业中，薪酬福利的发放，是企业为员工提供的一种物质待遇。然而，这样的物质待遇又不是以货币形式而发放的数字——对企业来说，发放薪酬和福利，目的在于对员工的能力加以激励，对员工的工作方向加以保留。简单来说，即通过在员工最需要的时候发放薪酬和福利，从而温暖其心，保证他们在团队中能够长期地留下工作：

蒙牛企业的创始人牛根生，曾经对怎样分配企业利润的第一桶金，有过自己独到的看法和解读，值得企业参考。

牛根生认为，不同的企业，在最初成立的时候实际上区别都不大，几乎所有的小企业都没有多少人力和财力，只是凭借创业的激情和梦想的动力进入了市场。但是，在进入市场以后，有的企业能够越干声望越大、实力越大，而有的企业则销声匿迹，其中虽然有许多原因，但有一条重要的原因就是“财聚人散、财散人聚”。

牛根生提出，企业的第一个战利品，或许只是一块蛋糕。但对于这块蛋糕的分法则很有讲究，假如企业的创始人拿走五分之四，只给实际工作的人留下五分之一，那么，显然，员工们会抱怨、怠工或者说闲话、找退路。这种人，看起来是精明人，或许他第一次生意就能挣到100万，自己拿到其中80%，但此后他只会越挣越少。而另一种人，则是实际的聪明人，他会在第一次挣到的100万中只拿20%，而剩下的分给员工，这样的人，会得到越来越多的支持。究其原因，因为他懂得第一次分给员工更多，这样的薪酬分配，恰恰发生在员工最需要现金鼓励的时间段上，不亚于雪中送炭。

牛根生是这样说的，他也是这样做的，作为一名企业家，他曾经将自己得到的应有奖金分文不要，全部拿出来分给自己团队中的员工。牛总用他自己的行动，诠释了什么叫“雪中送炭”。

在人力资源管理中，人力资源管理者不仅应该了解薪酬结构中福利的作用、认识到薪酬的意义，同时，还要明确什么是发放薪酬、发放多少薪酬的“度”。对“度”把握好了，才能让薪酬和福利带来超过其表面数字的意义。

**● 利用好薪酬的边际效应**

薪酬同样能够产生边际效应，人力资源管理者应该认识到，随着薪酬发放次数的增多，员工有可能受到的激励效应越来越小。因此，在人力资源管理过程中，抓住边际效应中的心理学原理，在团队形成开始就为员工“雪中送炭”，其效果会更加明显。

**● 抓住期望较低的员工**

对于那些期望较低的员工，人力资源管理者在进行薪酬管理时应该有更多的倾斜。因为对于这些员工来说，他们更容易感受到薪酬中“雪中送炭”

的意义。相反，如果人力资源管理者对员工全部一视同仁，希望每个员工都能从同样的薪酬中获得同样的激励，显然难以实现。

- **利用好准确时机**

不懂得在正确的时机去“雪中送炭”，那么，人力资源管理者会发现即使发放了不少薪酬，但却难以引起员工内心的感动。而懂得利用时机、营造情绪和气氛，则人力资源管理者能够发现，即使数量并不高的薪酬也容易打动对方。

“雪中送炭”的方法和时机有很多，不妨利用好下面几种时机：

- **员工出现经济困难**

由于面临的生活困难和时机需要，企业团队中有可能出现面临经济困难的员工。管理者应该捕捉这方面的信息，并做到充分了解，从而准确地施以援手。例如，采取预支薪酬、拨给特别奖金等方式给出“帮助”。实际上，具体的数量并不重要，而是管理者采用这样的态度予以帮助，能够获得员工最大的感动并推进其此后的工作动力。

- **企业效益不佳**

某个真实的新闻令人印象深刻，“因企业效益不佳，企业年终奖为馒头若干个”，很难想象，员工在拿到这样的年终奖之后还有多少工作积极性。事实上，即使在经济情况低迷、效益不佳的情况下，管理者还是应该将眼光放长远，尽力按照员工期待的心理底线发放薪酬和福利，只有这样才不会让员工感到心寒、绝望，甚至有可能产生更好的激励作用。

- **业绩较差员工有所进步**

对于一些经验欠缺、业绩不佳的员工来说，一点点进步就能让他们获得更多的期待——同样也有薪酬上的期待。因此，管理者不妨顺应这样的期待，当这些员工有所进步时给出薪酬的奖励，哪怕数量较少，也足够带动他们产生更多连锁效应投入到工作中。

# 锦上添花总能步步引领

"雪中送炭"是温情，"锦上添花"是动情。

相比较"雪中送炭"，在员工取得成就或突出业绩的时候，发放薪酬和福利加以奖励，这种"锦上添花"的做法，对于企业的人力资源管理来说显得更为重要。这是因为通过货币化和物质化的奖励形式，管理者能够更好地向团队和企业表明倡导的目标和标准，从而引导员工能够渐渐接近企业所需要的状态。

某企业历年年底总是能够发两个月的工资作为奖金，但今年由于效益问题，只能发出一个月奖金。

这家企业的管理层和人力资源管理者研究之后提出了两种方案：

第一种认为，可以直接告诉员工，只能发放一个月的年终奖。但显然的结果是，一直在盼望年终奖的员工们会发现，自己的期望落空了。他们会进一步想到，企业是不是真的盈利减少了，是不是高层不愿意给我们发两个月工资作为年终奖，是不是以后都会这样了。

这样的想法，很容易降低员工对公司的忠诚度，也会降低他们的工作效率，导致恶性循环的产生。如果出现这样的情况，员工的工作积极性会普遍降低，而如果想要重新提升员工的工作热情，则需要发放更多的奖金才能实现。

第二种方案则提出，可以先宣布改变评比模式，设立员工业绩的综合评比。对其中优秀的员工给予两个月的奖励，对大多数合格的员工给予一个月奖励，而对不合格的员工进行裁员。最终，可以没有人被裁员，而绝大多数员工拿到的也只是一个月奖励。这样，原本被员工看作的应有福利，就成了一种锦上添花的奖励，能够有效减少员工的消极情绪，增进他们的忠诚度、归属感和好感。

最终，这家企业选择了第二种方法，效果果然不错。

坦率地说，第二种方案并不能适应所有情况。但是，在特殊情况下，这种方案抓住了员工的心理，将他们对年终奖的那种依赖心理变成了一种竞争后获奖的"锦上添花"心理，进而很好地做出了对工作态度和积极性的引领，这一点值得其他企业人力资源管理者学习。

做好"锦上添花"，能够帮助人力资源管理避免下列情况的发生：

**● 员工对薪酬的平均主义心理**

由于一些人力资源管理过程中的错误做法，导致员工对整个企业和团队中的薪酬、福利分配产生了平均主义的期待，他们总是认为自己应该和所有人一样拿到"应有"的薪酬，却没有关注到薪酬和福利中的相当一部分，应该是在员工付出努力之后才能得到的奖励。

**● 过高的期待**

不少员工认为，自己做出了努力，就应该得到应有的奖金、福利。然而，由于心理上的主观认识和客观事实之间的差异，经常导致员工过高衡量自身的付出。选择"锦上添花"的方法，能够让员工冷静地看待自己的努力程度，并用更高的标准看待自身业绩。

● **员工相互单纯攀比薪酬福利的心理**

相互攀比是人之常情，然而，如果不强调薪酬和福利的“锦上添花”性质，忽略了其中奖励的意义，那么，员工之间的攀比就只会集中到金钱数字本身，而忽略了对企业绩效的贡献上。

为了避免这些情况，管理者应该进一步突出企业薪酬和福利内容中具备的奖励部分，从而提升数字对于绩效的激励意义。具体的方法有：

● **对业绩最好的员工发放高额奖金**

对于业绩普通和良好的员工，奖金的数额可以不用相差太多，从而为人力资源的管理节约成本。但是，对于业绩最好的那一个员工，管理者应该在企业条件适合的情况下，给出高额的奖金。这样能引起其他所有员工的羡慕心理，并转化为激励效果。

● **奖励形式可以多元化**

奖励本身既然是一种对员工工作行为的激励，那么，用更多的激励方式当然能够得到更好的效果。例如，将奖励薪酬的一部分直接发放给对方的家庭成员，或者采取直接赠送消费品等方式进行奖励，这样能够从更多角度为员工的业绩“锦上添花”。

● **薪酬奖励同时总结经验**

在对优秀员工进行薪酬奖励的同时，管理者应该抓住全体员工的注意力被充分吸引的时机，总结这些员工获得成功的经验和方法，同时将这些内容和全体员工进行分享。这样，员工除了能因为薪酬奖励而产生羡慕之外，更有机会获得充分的学习和指导。

# 福利让企业有家的感觉

家永远是让员工最有安全感的地方。

必须注意的事实是，不断上升的薪资成本，已经成了企业越来越感到压力的负担。同时，仅仅依靠薪资上涨，只能换来员工在短期内感受到的企业关怀，而无法转化成为他们在长期范围内产生的工作积极性。因此，企业的人力资源管理者，一定要学会关注员工的福利，让福利为员工带来家的感觉。实际上，大多数企业也正在通过提供不同形式的福利，将员工对企业的满意度和忠诚度加以提高，从而达到最大化绩效的目标。

在企业的实际操作中，有不同的福利计划可以供组合使用，主要包括下面四种：

一、公共福利。这一部分是属于法律规定的。

二、个人福利。包括企业发放的养老金，即按照企业的现实效益，提供给已经退休员工的收入；互助基金，即员工之间的相互帮助；辞退金，即企业辞退员工时应该支付的一定数额的金钱；住房，包括员工宿舍或者优惠购房等；交通费用，即员工上下班交通的费用；工作午餐，即企业为员工提供的免费或低价午餐，也包括货币形式的午餐补助；驻外津贴，即向海外员工提供的经济补偿。

三、带薪假期。这是指员工不需要上班但依然能够获得应有收入的福利项目。包括：带薪培训；病假事假；节日假期；公休假期；旅游假期等。

四、生活福利。这是指企业为员工生活方便而提供的不同的福利项目。具体包括：法律顾问；心理咨询；内部优惠商品；子女教育；养老机构；贷款担保；安家费等。

正因为福利在员工薪酬体系中占据越来越重要的地位，因此，人力资源管理过程中，就更要关注制定正确的福利政策，从而提高员工满意度和效率。当福利带给员工应有的家庭感受和温暖时，整个企业的核心竞争力将得以提高，并能够吸引和留住新员工。

在管理者对企业福利措施进行设计时，应该考虑到如下原则：

- **用福利制度体现出竞争性**

企业的福利制度，对内要有吸引力，而对外应该有相应的竞争性。这种竞争性意味着不能比同行业的平均水平低下，同时应该积极加以超越。只有把握住这样的竞争性，才能让福利制度真正具备对内的吸引力。

- **福利制度应该便于理解**

对福利制度的设计和表述，应该让不同的员工充分理解，在选择、争取和享受他们的福利项目时，不会因为歧义而产生选择上的问题。

- **福利制度应该具有灵活性**

对福利制度的设计，应该充分自由灵活，只有这样，才能尽量对不同员工的不同需要予以满足，同时，还能根据企业的实际经营状况加以不断地调整。

在进行福利政策实行的过程中，应该让福利政策带有充分的个性化，并做到真正以人为本。为此，不同的企业都应考虑弹性福利制度。这种福利制度有别于传统的固定福利制度，能够通过下面的方法起到比传统方法更好的效果：

- **附加型弹性福利计划**

在现有福利计划之外，管理者可以提供其他不同的福利方法或者措施，从而扩大现有福利项目的水准。例如，在一些企业中，当员工的个人福利没有享受完全时，他们将能够从企业那里换算成现金来满足自己的需要。显然，这样的计划比起固定计划要更加实用。

- **套餐模式的福利计划**

这种计划是由企业同时推出不同的福利计划组合，其中包含的项目和优惠都各自不同，员工可以选择其中的一种加以享受。在设计这样的弹性福利计划时，企业应该更多地考虑员工群体，比如，他们的平均生活水平、家庭背景、年龄或者生活需要等。

- **支用账户型的福利计划**

在这种计划中，员工可以每年从自己的总收入内获得一定数量的金额，作为自身福利的支出账户，利用这样的账户去获得企业的不同福利。另外，这些金额在一年到期后也可以提出。这种计划的优点在于账户中的金额不需要缴纳税收，所以对员工有更大的吸引力。

# 附　录

## 5D 人力资源管理测试（NO.211308 问卷）

### 一、测试题

请根据下面描述与您所在单位的人力资源管理的相符程度，在相应分数下打“√”。（1 =很不符，2 =比较不符，3 =符合程度一般，4 =比较符合，5 =很符合）

| 问题描述 | 1 | 2 | 3 | 4 | 5 |
|---|---|---|---|---|---|
| 1. 公司在招聘时，十分关注应聘者的工作兴趣。 | | | | | |
| 2. 在选拔人员时，公司更注重员工的个人能力。 | | | | | |
| 3. 公司倾向于招聘擅于合作的应聘者。 | | | | | |
| 4. 在招聘中，公司首选与工作岗位专业对口的应聘者。 | | | | | |
| 5. 公司在招聘中偏爱忠诚度高的人员。 | | | | | |
| 6. 通过对高效工作提供丰厚回报来引导员工工作。 | | | | | |
| 7. 公司给员工制定各阶段工作任务，让员工发挥主动性自主工作。 | | | | | |
| 8. 公司制定完善的规章制度以规范员工日常工作行为。 | | | | | |
| 9. 通过对员工进行个人发展指导，引导员工开展工作。 | | | | | |
| 10. 每位员工在公司内都有各自的使命，公司将之具体化为阶段性工作目标以引导员工。 | | | | | |
| 11. 公司提供形式多样的培训方式，不断激发员工学习积极性。 | | | | | |
| 12. 公司擅于通过点拨引导的方式培养员工。 | | | | | |

续表

| 问题描述 | 1 | 2 | 3 | 4 | 5 |
|---|---|---|---|---|---|
| 13. 公司总是一步一步地引导员工成长，给予细致的辅导。 | | | | | |
| 14. 公司培训机制十分完善，通过系统的学习提高员工个人综合素质。 | | | | | |
| 15. 公司鼓励员工通过自学、勤思考来不断提高。 | | | | | |
| 16. 对于业绩优秀的员工，公司会以较高的报酬予以激励。 | | | | | |
| 17. 对于高绩效员工，公司给予极高的荣誉以激励员工更加努力。 | | | | | |
| 18. 通过不断对员工传达公司的关心和爱护来达到留住员工的目的。 | | | | | |
| 19. 公司员工可以参与项目计划的制定和实施，对各自工作有绝对的支配权利，这是公司激励员工的主要手段。 | | | | | |
| 20. 共同的信仰常常激励员工努力工作。 | | | | | |
| 21. 轻松自由的工作环境是公司提高员工工作稳定性的重要手段。 | | | | | |
| 22. 给员工提供展现自我的平台以留住员工。 | | | | | |
| 23. 公司趋于发展稳定阶段，工作环境和谐友好，这正是老员工关注的重要方面。 | | | | | |
| 24. 公司具有系统、多样的个人发展模式，通过让员工了解自身拥有的发展空间来提高员工忠诚度。 | | | | | |
| 25. 公司致力于建立独特的公司文化，以内部文化来稳定员工队伍。 | | | | | |

## 二、答案

5D 人力资源管理模型，根据内倾—外倾、感性—理性两个维度，将人力资源管理分为五个基本类型，如下图：

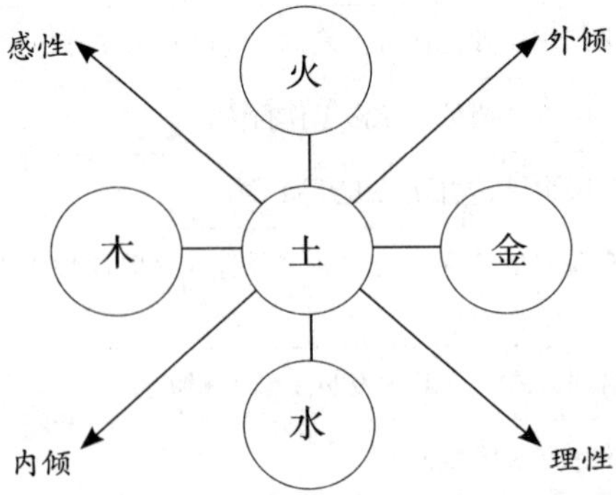

每种类型人力资源管理对应5道题，分别从选人、用人、育人、激励、留人五个方面进行测量。其中每种类型对应题号如下：

火：1，6，11，16，21

金：2，7，12，17，22

木：3，8，13，18，23

水：4，9，14，19，24

土：5，10，15，20，25

每种类型人力资源管理最终得分＝题型对应数值的和

数值越大表示该单位此种类型人力资源管理表现越明显，取最高数值代表该人力资源管理的主要类型，同时，若各数值相差不大，可选取多个人力资源管理类型作为衡量该人力资源管理的主要特征。

## 三、答案分析

本模型从选人、用人、育人、激励、留人五个方面来分析与测量人力资源管理类型，每个方面主要关注该方面的核心问题，这些核心问题分别是：

选人——选人注重什么方面？

用人——用人以什么为导向？

育人——用什么方法培育人？

激励——以什么内容激励人？

留人——凭什么东西留住人？

每个类型从这五个方面分析与测试，每个方面用一个四字词描述，如下表：

| 类型 | 模块 | 特征词 |
| --- | --- | --- |
| 火 | 选人 | 注重兴趣 |
| | 用人 | 回报导向 |
| | 育人 | 形式多样 |
| | 激励 | 利益激励 |
| | 留人 | 轻松自由 |
| 金 | 选人 | 注重能力 |
| | 用人 | 任务导向 |
| | 育人 | 点拨引导 |
| | 激励 | 名誉激励 |
| | 留人 | 自我实现 |
| 木 | 选人 | 注重合作 |
| | 用人 | 制度导向 |
| | 育人 | 循循善诱 |
| | 激励 | 关爱激励 |
| | 留人 | 和谐稳定 |
| 水 | 选人 | 注重专业 |
| | 用人 | 发展导向 |
| | 育人 | 系统学习 |
| | 激励 | 权力激励 |
| | 留人 | 发展空间 |
| 土 | 选人 | 注重忠诚 |
| | 用人 | 使命导向 |
| | 育人 | 内省自学 |
| | 激励 | 信仰激励 |
| | 留人 | 企业文化 |

# 5D 企业文化测试（NO.121308 问卷）

## 一、测试题

请根据下面描述与您所在企业的相符程度，在相应分数下打“√”。（1 =很不符，2 =比较不符，3 =符合程度一般，4 =比较符合，5 =很符合）

| 问题描述 | 1 | 2 | 3 | 4 | 5 |
|---|---|---|---|---|---|
| 1. 我们单位充满活力，员工工作充满热情。 | | | | | |
| 2. 具有冒险精神的员工能够得到老板的赏识。 | | | | | |
| 3. 我们单位员工间竞争比较激烈。 | | | | | |
| 4. 我们单位对于管理层偏向使用目标管理法，对普通员工的管理也会设定阶段性目标，以目标为导向。 | | | | | |
| 5. 我们单位的大部分权力掌握在小部分人手里。 | | | | | |
| 6. 我们单位每位员工都有明确的上下级关系。 | | | | | |
| 7. 人们把学习看作日常工作的一部分。 | | | | | |
| 8. 我们单位重视员工的素质开发，关注员工个人发展进步。 | | | | | |
| 9. 我们单位注重企业文化建设，引导员工形成一致观念。 | | | | | |
| 10. 只要员工的错误不是品德问题，单位一般会给予改进的机会。 | | | | | |
| 11. 我们领导具备创新精神，对环境变化能够迅速采取应变措施。 | | | | | |
| 12. 我们领导为人刻板，感情内敛难以沟通。 | | | | | |
| 13. 我们领导精力充沛，以饱满的热情投入到工作中。 | | | | | |

续表

| 问题描述 | 1 | 2 | 3 | 4 | 5 |
|---|---|---|---|---|---|
| 14. 面对竞争与挑战，我们领导都能非常自信地面对与解决。 | | | | | |
| 15. 我们领导擅于以循序渐进的方式带领大家开展工作。 | | | | | |
| 16. 我们领导习惯通过制度的建立来管理员工。 | | | | | |
| 17. 我们领导注重对下属的指导培养。 | | | | | |
| 18. 我们领导做事条理清晰，对工作内容有明确的把握。 | | | | | |
| 19. 我们领导不会姑息下属的过错。 | | | | | |
| 20. 我们领导引导并鼓励下属在工作中相互合作。 | | | | | |
| 21. 我们单位鼓励员工创新发明。 | | | | | |
| 22. 我们单位致力于为员工开放思考营造良好的工作环境。 | | | | | |
| 23. 我们单位鼓励员工之间良性竞争。 | | | | | |
| 24. 员工按照规章制度或领导指示做事，缺乏自主权。 | | | | | |
| 25. 我们单位关心员工的方方面面，让人感觉很温暖。 | | | | | |
| 26. 我们单位管理粗放，且不规范。 | | | | | |
| 27. 我们单位奖罚分明。 | | | | | |
| 28. 每位新员工都有帮助他成长的“师傅”或领导。 | | | | | |
| 29. 我们单位为员工创造良好的合作氛围。 | | | | | |
| 30. 公司层级较多，难以实现不同层级间、不同部门员工间的有效沟通。 | | | | | |
| 31. 我们单位通过不断采用新的、更好的工作方式以增强组织凝聚力。 | | | | | |
| 32. 我们单位会经常组织员工活动以增强团队凝聚力。 | | | | | |
| 33. 我们单位提倡员工自主和自由工作，员工的合作精神也因此增强。 | | | | | |
| 34. 我们单位强调竞争的公平性以加强组织凝聚。 | | | | | |
| 35. 我们单位通过对各部门、各层级制定高度一致性的指标以提高团队整体协作性。 | | | | | |
| 36. 由于规章制度规范并得到很好的执行，大家都凝聚在同一组织中工作。 | | | | | |
| 37. 员工经常参与决策，领导经常倾听员工的建议，员工因此乐于投入到集体工作中。 | | | | | |

续表

| 问题描述 | 1 | 2 | 3 | 4 | 5 |
|---|---|---|---|---|---|
| 38. 员工会自觉地完成各项任务，不需要严格的监督，整个组织自然地紧密结合、有条不紊的运营。 | | | | | |
| 39. 大家一般是基于相互信任来完成工作，而非等级制度。 | | | | | |
| 40. 员工拥有共同的价值观，对企业的未来发展有共同的看法。 | | | | | |
| 41. 公司致力于引进新员工来提高组织活力和创新能力。 | | | | | |
| 42. 公司关注现有市场的发展，而不是积极拓展新领域。 | | | | | |
| 43. 在战略定位上，我们公司比较保守，不会轻易参与竞争。 | | | | | |
| 44. 我们单位有较多的合作伙伴。 | | | | | |
| 45. 在战略上，我们单位一直强调稳步经营。 | | | | | |
| 46. 我们单位很重视持续不断地完善规章制度。 | | | | | |
| 47. 我们单位在员工技能成长、素质开发上投入很大。 | | | | | |
| 48. 每项任务安排后，公司力求能快速有效地推进。 | | | | | |
| 49. 各部门每个阶段都会制定不同的目标。 | | | | | |
| 50. 我们单位经常通过各种活动来引导员工思想。 | | | | | |
| 51. 工作业绩越好的员工越被公司重视。 | | | | | |
| 52. 我们单位重视技术型员工，奖励政策向其倾斜。 | | | | | |
| 53. 我们单位关注企业形象，致力于提升品牌价值。 | | | | | |
| 54. 我们单位注重产品的差异性，力争在同行业中具有较高竞争力。 | | | | | |
| 55. 团队支持一直是我们单位衡量成功的重要因素。 | | | | | |
| 56. 我们单位重视忠诚度高的员工，并给予他们更多的机会。 | | | | | |
| 57. 在评价员工时，首先关注他的工作效率。 | | | | | |
| 58. 我们单位重视奖励创造短期利益的员工，但对可能创造长远利益的员工关心不够。 | | | | | |
| 59. 我们单位相信有信念的人更容易成功，并致力于加强员工的信念。 | | | | | |
| 60. 会处理各种关系的员工会受到更多的重视。 | | | | | |

请检查问卷是否填写完毕、是否有遗漏，再次感谢您的合作！

## 二、答案

5D企业文化模型，根据内倾—外倾、感性—理性两个维度将企业文化分为五个类型，分别为：金、木、水、火、土。

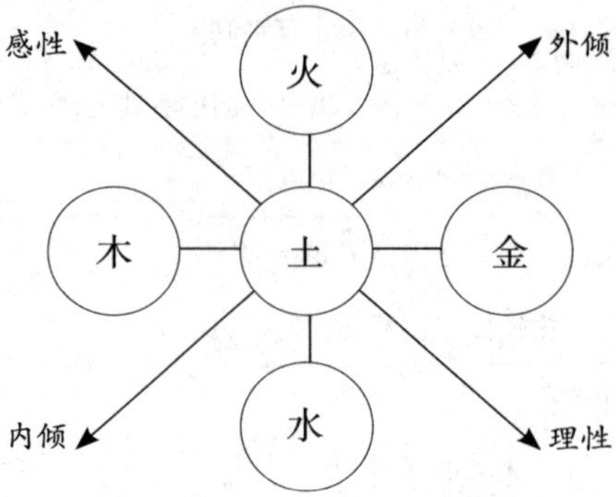


每种类型企业文化对应12道题，分别从主导特征、领导风格、员工管理、组织凝聚、战略重点、成功准则六个方面进行测试。问题有正向描述、反向描述。其中每种类型对应题号如下，无括号的为正向描述，带括号的为反向描述：

火：1，2，11，21，22，31，32，41，51，52，（12），（42）

金：3，4，13，14，23，33，34，44，53，54，（24），（43）

木：5，6，15，16，25，35，36，45，46，55，56，（26）

水：7，8，17，18，27，28，37，38，47，48，57，（58）

土：9，10，20，29，39，40，49，59，60，（19），（30）

每种类型企业文化最终得分＝正向题型对应数值的和－反向题型对应数值的和

数值越大表示该企业此种类型企业文化表现越明显，取最高数值代表该企业文化的主要类型，同时，若各数值相差不大，可选取多个企业文化类型作为衡量该企业文化的主要特征。

## 三、答案分析

参考权威量表 OCAI 所使用的六个方面，5D 企业文化量表也从主导特征、领导风格、员工管理、组织凝聚、战略重点、成功准则六个方面进行分析与测试。

在每个方面，每类企业文化用两个四字词进行归纳，即每类企业文化用 12 个四字词描述其文化特征，如下表：

| | |
|---|---|
| **主导特征** | |
| 火 | 充满活力、激情四射 |
| 金 | 强调竞争、目标导向 |
| 木 | 控制严格、层级分明 |
| 水 | 强调学习、鼓励进步 |
| 土 | 树立信仰、包容大气 |
| **领导风格** | |
| 火 | 开拓创新、感情丰富 |
| 金 | 精力充沛、自信心强 |
| 木 | 循序渐进、循规蹈矩 |
| 水 | 指导培养、条理清晰 |
| 土 | 包容体谅、鼓励协作 |
| **员工管理** | |
| 火 | 鼓励创新、自由开放 |
| 金 | 提倡竞争、授权管理 |
| 木 | 无微不至、纪律严明 |
| 水 | 奖惩分明、教练指导 |
| 土 | 团队合作、沟通顺畅 |

续表

| | |
|---|---|
| **组织凝聚** | |
| 火 | 推陈出新、文体活动 |
| 金 | 自由发挥、公平竞争 |
| 木 | 共同指标、规章制度 |
| 水 | 集思广益、自我管理 |
| 土 | 相互信任、共同信仰 |
| **战略重点** | |
| 火 | 获取资源、寻找机遇 |
| 金 | 参与竞争、外部合作 |
| 木 | 稳步经营、完善制度 |
| 水 | 关注发展、重视效率 |
| 土 | 制定目标、引导思想 |
| **成功准则** | |
| 火 | 业绩导向、技术革新 |
| 金 | 品牌价值、高竞争力 |
| 木 | 团队合作、员工忠诚 |
| 水 | 强调效率、长远发展 |
| 土 | 坚定信念、平衡关系 |

# 5D 性格测试（NO.031303 问卷）

## 一、测试题

请根据下面描述与您性格的相符程度，在相应分数下打“√”。（1＝很不符，2＝比较不符，3＝符合程度一般，4＝比较符合，5＝很符合）

| 性格描述 | 1 | 2 | 3 | 4 | 5 |
|---|---|---|---|---|---|
| 1. 我容易紧张。 | | | | | |
| 2. 我经常攒钱。 | | | | | |
| 3. 我是个重要人物。 | | | | | |
| 4. 我心中有事时，睡不好，做噩梦。 | | | | | |
| 5. 我十分讲究礼貌和整洁。 | | | | | |
| 6. 我喜欢幻想，并能从中得到快乐与满足。 | | | | | |
| 7. 我主张对违法的人严惩不贷。 | | | | | |
| 8. 其他同事不认真工作时，我就很恼怒。 | | | | | |
| 9. 我与单位里大部分同事都不和。 | | | | | |
| 10. 我在单位有那种“大家庭的一员”的感觉。 | | | | | |
| 11. 我在热闹的聚会中会尽情地玩。 | | | | | |
| 12. 我很容易就能将一个沉寂的集会搞得活跃起来。 | | | | | |
| 13. 即使在热闹的环境中，我也能保持平和的心境。 | | | | | |

续表

| 性格描述 | 1 | 2 | 3 | 4 | 5 |
| --- | --- | --- | --- | --- | --- |
| 14. 在聚会中，我总是坐在一角，不会主动融入热闹的气氛中。 | | | | | |
| 15. 我喜欢具有艺术气息的工作环境。 | | | | | |
| 16. 希望自己能在多种部门工作。 | | | | | |
| 17. 我喜欢大量旅行的工作。 | | | | | |
| 18. 我很重视企业文化，一旦发现与自己的价值观有所不同时，就会选择辞职。 | | | | | |
| 19. 我常常是仔细考虑之后才做出决定。 | | | | | |
| 20. 万不得已的时候，我只吐露一些无损于自己的那部分真情。 | | | | | |
| 21. 在决策前，我会理性分析各种影响因素和可能结果，并做出恰当的决策。 | | | | | |
| 22. 确定计划后，我不会立即实施。 | | | | | |
| 23. 在执行计划中，我不会急功近利，而是按计划严格执行。 | | | | | |
| 24. 当我发现继续执行原订的计划可能带来潜在的问题时，会在第一时间停止此计划。 | | | | | |
| 25. 我喜欢分析事情的利弊，并按最有利于我的方式去处理。 | | | | | |
| 26. 我对潜在风险有着敏锐的观察力，能巧妙地解决困难。 | | | | | |
| 27. 面对问题，我总能从容面对，有条不紊地制定与实施解决方案。 | | | | | |
| 28. 我在工作过程中的表现一直比较稳定，即使有“突发”情况，也能轻松处理。 | | | | | |
| 29. 我喜欢指导别人如何行事。 | | | | | |
| 30. 我不认为自己有义务帮助其他同事完成工作。 | | | | | |
| 31. 我想给同事提一个改善建议时，会真诚地直接说出。 | | | | | |
| 32. 面对同事的排挤、挑衅，我总能容忍，而不会实施报复。 | | | | | |
| 33. 不管同事的性格如何，我都能接受，并配合他完成好工作。 | | | | | |
| 34. 当我确信我正确时，我就能说服别人。 | | | | | |
| 35. 在开会时，我总是积极维护开会秩序。 | | | | | |
| 36. 部门会议中，我一般不会主动发言。 | | | | | |

续表

| 性格描述 | 1 | 2 | 3 | 4 | 5 |
|---|---|---|---|---|---|
| 37. 与同事意见不同时，即使争论十分激烈，我也能控制自己的情绪，理性应对。 | | | | | |
| 38. 小组讨论出现分歧时，我一般会按照“少数服从多数”的原则行事。 | | | | | |
| 39. 在小组讨论中，我会积极发言，并坚持自己的观点是正确的。 | | | | | |
| 40. 工作会议中，即使我完全肯定自己的方案是正确时，我也有足够的耐心倾听他人的意见。 | | | | | |
| 41. 在执行计划时，我不会犯细节性的错误，并能想办法克服各种困难完成任务。 | | | | | |
| 42. 工作中，我脚踏实地，埋头实干。 | | | | | |
| 43. 在日常工作中，我会严格遵守公司的规章制度。 | | | | | |
| 44. 我在参加的每个工作项目中，都努力展示我的能力。 | | | | | |
| 45. 在小组测评中，我总会谦虚让贤，不争功好胜。 | | | | | |
| 46. 我常常第一个到办公室，最后一个走。 | | | | | |
| 47. 我对待工作一向细致，认真。 | | | | | |
| 48. 我现在的工作枯燥乏味。 | | | | | |
| 49. 我对现在的工作非常满足。 | | | | | |
| 50. 我努力工作不是因为报酬，而是因为我追求成就。 | | | | | |

## 二、答案

每一道题是对一类性格特征的描述，所打分数即是该类性格的本题得分。

正向题目得分为应加分数，负向题目得分为应扣减分数。

统计各性格的总得分，分数越高说明该类性格特征越明显。

以下是各题与性格类型的对应关系的说明：

火：正向：3、11、12、13、14、24、27、36 反向：9、38

金：正向：1、19、23、28、33、37、39　　反向：2、4、48

木：正向：6、8、15、17、21、25、32、42 反向：16、20

水：正向：5、7、26、34、40、41、45 反向：10、29、30

土：正向：18、31、35、43、44、46、50 反向：22、47、49

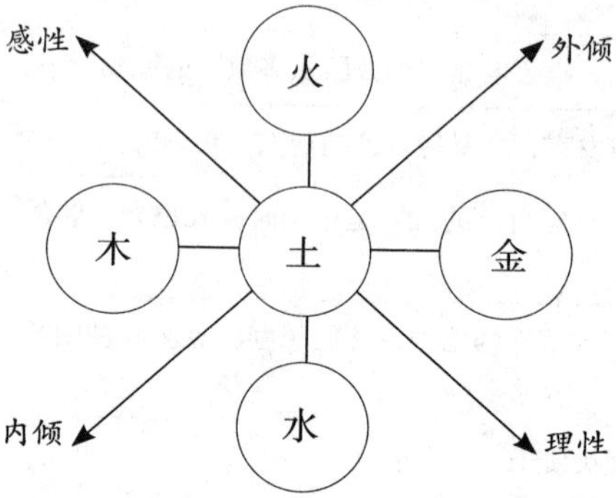


三、答案分析

**金性格典型特征**：充满活力、刚毅果断、自信心强、勇敢无畏、理性分析、喜欢新奇、愤世嫉俗、争强好胜、行动力强、追求成就

**火性格典型特征**：热情奔放、感情丰富、关注自我、冲动急躁、充满幻想、喜爱艺术、善于言辞、猜忌心强、彬彬有礼、粗心健忘

**木性格典型特征**：温顺和群、谦虚腼腆、固执坚持、脾气随和、实际现实、保守顺从、乐于助人、坦诚直接、遵守纪律、勤奋工作

**水性格典型特征**：沉默寡言、从容不迫、放松稳定、自我控制、善于分析、埋头实干、信任他人、精明机智、细心睿智、有上进心

**土性格典型特征**：温和平静、缓慢谨慎、容忍挫折、容易紧张、不喜改变、宽宏大量、诚恳谦虚、温厚善良、严格自律、坚定信仰